KB139306

실전 세일즈 중국어

완전 잘 어울려요!!

실전 세일즈 중국어

이혜숙 지음

BizTalk
비즈니스회화 교육전문

동대문과 남대문은 우리나라 쇼핑과 물류의 메카라고 할 만한 곳입니다. 동대문에는 33개의 대형쇼핑몰이 자리해 있고, 그 중 평화시장 하나만 보아도 점포 1,600개가 입점되어 있습니다. 또 동대문에서 사업을 하는 상인들만 해도 10만명에 이른다 하니, 그 규모가 수적인 부분에서만도 엄청나다고 할 수 있겠습니다. 또한, 중국의 젊은이들에게 두타는 꼭 한번 방문해 보고 싶은 한국의 명소가 되어 있다고 하니, 한류 열풍과 함께 한국을 대표하는 상징적인 장소가 되었음을 부정할 수 없습니다.

하지만, 요즘 동대문의 매출이 급감하고, 동대문을 찾는 내국인의 발길이 줄어드는 현상을 보고 안타까움을 느끼고 있었던 바, 저는 동대문 '세계로 프로젝트'라는 것을 기획하게 되었습니다. 세계로 프로젝트는 동대문이 나아갈 방향인 글로벌화는 선택의 문제가 아니라, 생존의 문제라고 판단했습니다. 그에 따라, 스토리가 있는 스토리 스트릿 만들기와, 동대문 상인들의 외국어교육, 그리고, 헬로우apm이나 굿모닝시티몰 앞에 설치되어 있는 무대를 사용한 미니 패션쇼 등, 다양한 이벤트와 SNS를 연결하여 동대문을 스토리가 있는 거리로 만들어, 온 세상사람들이 누구나 한 번은 방문하고 싶어하는 명소로 만들

자는 프로젝트입니다.

 그 세계로 프로젝트 중 하나의 발판으로 '실전 세일즈 중국어'를 진행하게 되었습니다.

상인들이 물건을 사고 파는 데에 꼭 필요한 표현들만 모으는 것에 많은 노력과 시간을 들인 덕분인지, 실전적인 내용에 엄청난 호응을 해 주셔서, 지금까지 3,000여명의 동대문 상인들이 비즈토크의 외국어교육을 받았습니다.

이번에 좀 더 효과적인 교육을 위해 "실전 세일즈 중국어"를 내게 되었는데, 이 책은 비즈토크 혼자만 만든 책이 아니라, 10만 동대문 상인들의 도움으로 한문장, 한문장 다듬었기에, 이 자리를 빌어 동대문 10만 상인 여러분께 감사의 말씀 전합니다.

또한 서울상공회의소 중구상공회와 교육의 의지가 각별하신 김지영국장님께 감사의 마음 전합니다.

마지막으로 책이 나오기 위해 노력해 주신 주아현 선생님, 녹음과 감수의 왕 춘리 선생님, 일러스트의 4style 정우열 대표님께 고개 숙여 감사 드립니다.

2015년 새봄

비즈토크 대표 이혜숙

중국어의 구성

중국어 음절은 성모, 운모, 성조로 이루어진다.

* 성모 : 우리말의 자음 중에서도 초성에 해당.
성모만으로는 소리가 나지 않고, 운모와 결합해야만 소리
가 난다.

b(o) p(o) m(o) f(o)
뽀어 포어 모어 포어
d(e) t(e) n(e) l(e)
뜨어 트어 느어 르어
g(e) k(e) h(e)
끄어 크어 흐어
j(i) q(i) x(i)
지 치 시
zh(i) ch(i) sh(i) r(i)
쯔 츠 쓰 르
z(i) c(i) s(i)
쯔 츠 쓰

* 운모 : 성모를 제외한 나머지 부분.

a o e i u ü

아 오어 으어 이(으)우 위

ai ei ao ou an en

아이 에이 아오 어우 안 으언

ang eng ong

앙 엉 옹

ia ie iao iou ian in

이아 이에 이아오 이어우 이엔 인

iang ing iong

이앙 잉 이옹

ua uo uai uei uan uen

우아 우어 우아이 우에이 우안 우언

uang ueng

우앙 우엉

üe üan ün

위에 위엔 윈

* 중국어 발음을 우리말과 최대한 비슷하게 표기하였으나, 실제 중국어 발음과 차이가 있다.
또한, 본문의 한국어표기는 편의상 표기한 것이므로 최대한 병음으로 학습하기를 권장한다.

* 성조 : 말의 높낮이. 1성, 2성, 3성, 4성 총 4가지 성조가 있다.
성조가 없는 것은 경성이라고 한다.

5	
4	ā
3	
2	
1	

5	
4	á
3	
2	
1	

5	
4	ǎ
3	
2	
1	

5	
4	à
3	
2	
1	

숫자 수신호

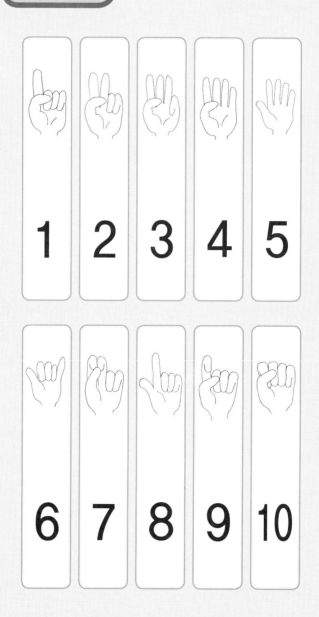

目录 차례

○ 네이버 카페명 검색 : 외국어교육전문비즈토크카페 회원가입 후 무료로 다운로드 하실 수 있습니다.

http://cafe.naver.com/biztalktalk

你好! 안녕하세요!

A : 你好!
    Nǐ hǎo!
    니 하오!

B : 您好!
    Nín hǎo!
    닌 하오!

A : 안녕하세요!
B : 안녕하세요!

你의 존칭은 您이다. 자신과 나이차이가 많이 나거나,
마땅히 존칭을 써야하는 대상, 고객에게 您을 쓴다.
    好 앞에 상대방의 호칭을 붙일 수 있다.

你 nǐ   니   너, 당신
您 nín   닌   你의 존칭
好 hǎo   하오   좋다. 안녕하다.

관련 표현

你们 nǐmen 니먼   너희들
大家 dàjiā 따지아 여러분

再见! 안녕히 가세요(계세요)!

A : 再见!
Zài jiàn!
짜이 찌엔!

B : 再见!
Zài jiàn!
짜이 찌엔!

A : 안녕히 가세요(계세요)!
B : 안녕히 가세요(계세요)!

A : 再见, 明天见!
Zài jiàn, míngtiān jiàn!
짜이 찌엔, 밍티엔 찌엔!

B : 明天见!
Míngtiān jiàn!
밍티엔 찌엔!

A : 안녕히 가세요, 내일 만납시다!
B : 내일 만나요!

再见은 직역하면 '다시 만나요'이지만 보편적으로 두루 쓰는 헤어질 때 쓰는 인사말이다. 전화를 끊을 때, 다시 만날 기약이 없을 때에도 쓸 수 있다.

见 앞에 미래의 시간 또는 장소를 넣을 수 있다.
과거의 시간은 쓸 수 없다.

예) 前天/昨天/今天 + 见 (×)

　　明天/后天 + 见 (○)

　　上个星期/这个星期 + 见 (×)

　　下个星期 + 见 (○)

　　上个月/这个月 + 见 (×)

　　下个月 + 见 (○)

　　前年/去年/今年 + 见 (×)

　　明年/后年 + 见 (○)

再　　zài　　　짜이　다시, 또
见　　jiàn　　　찌엔　만나다 보다
明天 míngtiān 밍티엔 내일

前天 qiántiānn 치엔티엔 그저께

昨天 zuótiān 　쭈어티엔 어제

今天 jīntiān 　찐티엔 오늘

后天 hòutiān 　호우티엔 모레

上个星期 shàngge xīngqī 상거 싱치 　저번주

这个星期 zhège xīngqī 　쩌거 싱치 　이번주

下个星期 xiàge xīngqī 　시아거 싱치 다음주

上个月	shàngge yuè	샹거 위에	저번달
这个月	zhège yuè	쩌거 위에	이번달
下个月	xiàge yuè	시아거 위에	다음달

前年	qiánnián	치엔니엔	재작년
去年	qùnián	취니엔	작년
今年	jīnnián	찐니엔	올해
明年	míngnián	밍니엔	내년
后年	hòunián	호우니엔	내후년

谢谢! 감사합니다!

A: 谢谢!
　　Xiè xie!
　　시에 시에!

B: 不客气!
　　Bú kèqi!
　　부 커치!

A: 감사합니다!
B: 천만에요!

A: 谢谢!
　　Xiè xie!
　　시에 시에!

B: 不谢!
　　Bú xiè!
　　부시에!

A: 감사합니다!
B: 천만에요!

> ### 관련 표현
>
> 谢谢와 같은 감사의 표현을 들었을때 대답으로 할 수 있는 말로 다음과 같은 표현이 있다.

모두 '천만에요'라는 뜻을 가지고 있다.

不客气 Bú kèqi 　　부커치

不谢　 Bú xiè　　　부시에

不用谢 Bú yòng xiè 부용시에

对不起 미안합니다.

A: 对不起。
　　Duì bu qǐ
　　뚜이 부 치.

B: 没关系。
　　Méi guānxi.
　　메이 꽌시.

A: 미안합니다.
B: 괜찮습니다.

A: 不好意思。
　　Bù hǎo yìsi.
　　뿌 하오 이쓰.

B: 没事儿。
　　Méi shìr.
　　메이 셜.

A: 미안합니다.
B: 괜찮습니다.

　对不起 와 비슷한 표현으로 不好意思 (bù hǎo yì si) 가
있는데, 不好意思는 미안함을 표현하는 정도가 약하며, 실
례합니다. 라는 뜻도 가지고 있다.
　예를 들어 무언가를 물어볼 때,

不好意思(실례합니다)라고 쓰는 것이 적절하다.

관련 표현

对不起나 不好意思와 같은 사과의 말을 들었을 때 대답으로 할 수 있는 말로 다음과 같은 표현이 있다. 모두 '괜찮습니다'라는 뜻을 가지고 있다.

没关系 méi guānxi　메이 꽌시

没事儿 méi shìr　　메이 셜

没什么 méi shénme　메이 션머

你好吗? 잘지내셨어요?

A: 你好吗?

　　Nǐ hǎo ma?

　　니 하오 마?

B: 我很好, 你呢?

　　Wǒ hěn hǎo, nǐ ne?

　　워 헌 하오, 니너?

A: 我也很好。

　　Wǒ yě hěn hǎo.

　　워 예 헌 하오.

A: 잘 지내셨어요?
B: 저는 잘 지냈습니다, 당신은요?
A: 저도 잘 지냈습니다.

　　你(您)好는 단순한 인사이며, 대답을 할 때 똑같이
你(您)好라고 하면 된다.
　　你好吗?는 상대방에게 안부를 묻는 표현이다.

　　평서문) 주어 + 정도보어 + 형용사。
　　(예) 我很好。 wǒ hěn hǎo.

　　부정문) 주어 + 不 + 형용사。

(예) 我不好。 wǒ bù hǎo.

의문문) 주어 + 형용사 + 吗?

(예) 你好吗? nǐ hǎo ma?

吗 ma 마 평서문 끝에 吗를 붙이면 의문문이 된다.

我 wǒ 워 나, 저

很 hěn 헌 ① 너무, 매우,

② 특정한 뜻이 없는 문법적 기능 (형용사
는 단독으로 쓸 수 없으므로 '안녕하다'의 의미인 好는
정도부사 很과 함께 쓰인다.)

呢 ne 너 ~은(는)요?

也 yě 예 ~도, ~또한

我很好 wǒ hěn hǎo 워 헌 하오 잘 지냈습니다.

不太好 bú tài hǎo 부 타이 하오 그다지 좋지 않아요.

请看! 보세요!

A: 请看!

Qǐng kàn!

칭 칸!

B: 谢谢!

Xiè xie!

시에 시에!

A: 보세요!

B: 감사합니다!

请은 '~을 하세요'라는 공손의 표현이다. '请+동사'로 쓰면 '동사하세요. 라는 뜻이 된다. 말하는 사람과 듣는 사람이 모두 상황을 알 때는 동사 없이 请만 쓸 수도 있다.

(예)(문을 열면서)

请。

qǐng.

칭

들어오세요.(가세요.)

(차를 따라 주면서)

请。

qǐng.

칭

드세요.

请 qǐng 칭 ~을 하세요
看 kàn 칸 보다

관련 표현

进 jìn 찐 들어오다. 들어가다
坐 zuò 쭈어 앉다
说 shuō 슈어 말하다
用 yòng 용 (음식을)들다.

欢迎光临! 어서오세요!

A: 欢迎光临!
Huānyíng guānglín!
환잉 꽝린!

B: 老板，你好。
Lǎobǎn, nǐ hǎo.
라오반, 니 하오.

A: 어서오세요!
B: 사장님. 안녕하세요.

欢迎光临은 '오신 것을 환영합니다' 라는 뜻으로 가게나 식당에 들어갔을 때 사장, 또는 직원들이 고객을 향해 하는 인사이다.

老板 lǎobǎn 라오반 사장님

관련 표현

顾客 gùkè   꾸커   고객
先生 xiānsheng 시엔셩   성인 남자를 칭하는 호칭
太太 tàitai   타이타이 성인 여자를 칭하는 호칭
小姐 xiǎojiě   샤오지에 아가씨

你是哪国人?
당신은 어느 나라 사람입니까?

A: 你是哪国人?

Nǐ shì nǎguórén?

니 쓰 나궈런?

B: 我是韩国人。

Wǒ shì Hánguórén.

워 쓰 한궈런.

A: 당신은 어느 나라 사람입니까?
B: 저는 한국사람입니다.

A: 你是中国人吗?

Nǐ shì Zhōngguórén ma?

니 쓰 쭝궈런 마?

B: 是, 我是中国人。

Shì, wǒ shì Zhōngguórén.

쓰, 워 쓰 쭝궈런.

C: 不是, 我不是中国人, 我是韩国人。

Bú shì, wǒ bú shì Zhōngguórén, wǒ shì Hánguórén.

부쓰, 워 부쓰 쭝궈런, 워 쓰 한궈런.

A: 당신은 중국인입니까?
B: 네. 저는 중국인입니다.

C: 아니요, 저는 중국인이 아닙니다, 저는 한국인
　입니다.

是 shì 쓰 ~이다.
哪 nǎ 나 어느
国 guó 구어 나라
韩国人 Hánguórén 한궈런 한국인
中国人 Zhōngguórén 쭝궈런 중국인
不是 búshì 부쓰 ~이 아니다

관련 표현

你是哪里人?
Nǐ shì nǎlǐrén?
니 쓰 나리런?
당신은 어디 사람입니까?

你是哪里人?은 상대방이 어느 나라 사람인지는 알
고, 어느 도시에서 온 사람인지는 모를 때 쓸 수 있는
표현이다.

예) 我是北京人。
　　Wǒ shì Běijīngrén.
　　워 쓰 베이징런
　　저는 베이징사람입니다.

我是上海人。

Wǒ shì Shànghǎirén.

워 쓰 상하이런

저는 상하이사람입니다.

我是首尔人。

Wǒ shì Shǒu'ěrrén.

워 쓰 쇼얼런

저는 서울사람입니다.

我是东京人。

Wǒ shì Dōngjīngrén.

워 쓰 똥징런

저는 도쿄사람입니다.

美国人	Měiguórén	메이궈런	미국인
日本人	Rìběnrén	르번런	일본인
法国人	Fǎguórén	퐈궈런	프랑스인
菲律宾人	Fēilùbīnrén	페이뤼삔런	필리핀인
台湾人	Táiwānrén	타이완런	대만인
香港人	Xiānggǎngrén	샹강런	홍콩인

"니하오마" 라고요?
저 언제 만난 적 있으시던가요?

동대문에서 외국어교육을 하다보니 상인들의 대화를 유심히 듣게 되는 경우가 많습니다. 어느 날 평화시장 앞을 지나갈 때였습니다. 중국인 특유의 기운 찬 목소리로 얘기를 하며 지나가는 한 무리의 관광객을 보고, 평화시장의 박사장님이 유쾌하게 인사를 건네는 것이었습니다. 호객 행위를 하는 듯한 표정과 말투였지만, 중국어로 유창하게(?) "니하오마"를 외쳤습니다.

그러자, 중국 관광객 중 20대 초반의 여성 한명이 약간 갸우뚱한 표정으로 박사장님을 쳐다보고는 다시 갈 길을 가는 것이었습니다.

곧 다른 남성 중국인 관광객이 지나가자, 또 박사장님은 "니하오마"를 호기있게 외쳤습니다.

제가 박사장님에게 다가가 "니 하오마"를 무슨 의미로 사용하고 있냐고 물어보니, "안녕하세요" 라는 의미라고 말했습니다.

"니 하오마"라는 말이 사전적으로는 "안녕하세요" 라는 의미이긴 하지만, 사실 이 표현은 서로 알고 지내는 사람들끼리 쓰는 표현입니다.

예를 들어, 만난 적이 있는 두 사람 사이에서 "잘 지내시죠?" 정도의 의미로 사용되고 있는 표현이라, 처음 만나는 사이에 사용하면 상당히 어색합니다.

하지만, 한국을 방문하는 중국인의 경우에는 외국이라는 점을 감안하여, 어색하지만 인사를 하고 넘어가는 경우가 대부분입니다.

니하오마의 "마"는 의문조사로 우리말의 ~까? 에 해당하는 말입니다.

따라서, 중국고객을 처음 만났을 때에는 "니 하오" 또는 "닌 하오"로 인사하는 것이 맞습니다.

니하오는 보통 친구나 나보다 서열상 낮은 사람에게 쓰면 좋은 말이고, 닌하우의 경우는 우리말의 존경어에 해당합니다.

보통 중국어는 경어가 없다는 말을 많이 하지만, 일부 단어나 표현의 경우에는 상대에 따라 적절한 경어를 사용하는 경우가 대부분이므로, 이 점을 기억해 두었다가 가려서 쓰면 좋겠지요?

你要什么? 무엇을 원하십니까?

A: 你要什么?
  Nǐ yào shénme?
  니 야오 션머?

B: 我要。
  Wǒ yào。
  워 야오.

A: 당신은 무엇을 원합니까?
B: 저는_____을 원합니다.

要는 '원하다'라는 뜻으로, 가게에서 쓰일 때는 '찾다. 사려고 하다'로 이해할 수 있다. 따라서, 무엇을 찾으세요? 무엇을 사려고 합니까? 라고 해석할 수 있다.

什么가 '무엇'이라는 의문의 표현이므로 문장 뒤에 吗를 붙일 필요가 없다.

要　yào　　야오　원하다, ~을 하려고 하다
什么 shénme 션머 무엇, 무슨

관련 표현

衣服 yīfu　　　이푸　옷
男装 nánzhuāng 난쭈앙 남성복

女装	nǚzhuāng	뉘쭈앙	여성복
童装	tóngzhuāng	통쭈앙	아동복
西装	xīzhuāng	시쭈앙	정장
外套	wàitào	와이타오	외투
羽绒服	yǔróngfú	위롱푸	패딩코트
风衣	fēngyī	펑이	트렌치코트
毛衣	máoyī	마오이	스웨터
衬衫	chènshān	천샨	와이셔츠
T恤衫	T xùshān	티쉬샨	티셔츠
短袖	duǎnxiù	뚜안시우	반팔티셔츠
裤子	kùzi	쿠즈	바지
牛仔裤	niúzǎikù	니우자이쿠	청바지
裙子	qúnzi	췬즈	치마
连衣裙	liányīqún	리엔이췬	원피스
睡衣	shuìyī	슈이이	잠옷
内衣	nèiyī	네이이	내의
胸罩(=乳罩)	xiōngzhào(=rǔzhào)	시옹짜오(루짜오)	브래지어
内裤	nèikù	네이쿠	팬티
袜子	wàzi	와즈	양말
丝袜	sīwà	쓰와	스타킹
腰带	yāodài	야오따이	벨트
领带	lǐngdài	링따이	넥타이
帽子	màozi	마오즈	모자

你要几个? 몇 개를 원합니까?

A: 你要几个?

　Nǐ yào jǐ ge?

　니 야오 지거?

B: 我要一个。

　Wǒ yào yí ge.

　워 야오 이거.

A: 몇 개를 원합니까?

B: 한 개를 원합니다.

几가 '몇'이라는 의문의 표현이므로 문장 뒤에 吗를 붙일
필요가 없다.

几 jǐ 지 몇

个 ge 거 명, 개(사람이나 사물을 세는 양사)

관련 표현

零 líng 링 0

一 yī 　이 1

二 èr 　얼 2

(뒤에 양사가 오는 경우, 200이상일 경우 两 liǎng 이라고

한다.)

三 sā 　싼 3

四 sì　　쓰　　4

五 wǔ　　우　　5

六 liù　　리우　6

七 qī　　치　　7

八 bā　　빠　　8

九 jiǔ　　지우　9

十 shí　　쓰　　10

百 bǎi　　바이　100

千 qiān　치엔　1,000

万 wàn　　완　　10,000

亿 yì　　이　　100,000,000

多少钱? 얼마입니까?

A: 多少钱?
　　Duōshǎo qián?
　　뚜어샤오 치엔?

B: 8000块。
　　Bāqiān kuài.
　　빠치엔 콰이.

A: 얼마입니까?
B: 8000원입니다.

A: 找您2000块。
　　Zhǎo nín liǎngqiān kuài.
　　짜오 닌 량치엔 콰이.

B: 好，谢谢!
　　Hǎo, xiè xie!
　　하오, 시에 시에!

A: 2000원 거슬러 드릴게요.
B: 네, 감사합니다!

多少	duōshǎo	뚜어샤오	얼마
钱	qián	치엔	돈
千	qiān	치엔	천
块	kuài	콰이	원, 중국화폐의 가장 큰 단위
找	zhǎo	짜오	거슬러 주다.

韩币　　　hánbì　　　한삐　　　한화. 원화
人民币　　rénmínbì　　런민삐　　인민폐
价格　　　jiàgé　　　찌아거　　가격
一共　　　yígòng　　　이꽁　　　모두

말을 할 때는 毛(máo) 块(kuài)라고 하지만, 지폐 또는 가격을 표시 할 때에는 角(jiǎo), 元(yuán)이라고 한다.

二(èr), 两(liǎng) 모두 '2'이지만, 100 이상의 숫자의 제일 앞자리에 올 때에는 两(liǎng)이라고 쓴다.

1毛(1角)　　　yì máo(yì jiǎo)　　　　이마오(이쟈오) 0.1원

1块(1元)　　　yí kuài(yì yuán)　　　이콰이(이위엔) 1원

10块(10元)　　shí kuài(shí yuán)　　쓰콰이(쓰위엔) 10원

20块(20元)　　èrshí kuài(èrshí yuán) 얼쓰콰이(얼쓰위엔) 20원

50块(50元)　　wǔshí kuài(wǔshí yuán)
　　　　　　　　　　우쓰콰이(우쓰위엔) 50원

100块(100元)　yìbǎi kuài(yìbǎi yuán)
이바이콰이(이바이위엔) 100원

200块(200元)　(Liǎng/èr) bǎi kuài((Liǎng/èr) bǎi yuán)
(량/얼)바이콰이((량/얼)바이위엔) 200원

1000块(1000元)　yìqiān kuài(yìqiān yuán)
이치엔콰이(이치엔위엔) 1000원

10000块(10000元)　yíwàn kuài(yíwàn yuán)
이완콰이(이완위엔) 10000원

有没有更便宜的?
더 저렴한 것 있습니까?

A: 有没有更便宜的?
　　Yǒuméiyǒu gèng piányi de?
　　요메이요 껑 피엔이더?

B: 这个更便宜。
　　Zhè ge gèng piányi.
　　쩌거 껑 피엔이.

A: 더 저렴한 것 있습니까?
B: 이것이 더 저렴합니다.

A: 这件不贵。
　　Zhè jiàn bú guì
　　쩌 찌엔 부꾸이.

A: 이 옷은 안 비싸요.

便宜 piányi 　피엔이　싸다.
贵　　 guì　　　꾸이　　비싸다
件　　 jiàn　　 찌엔　　벌(옷을 세는 양사)

有点儿　　yǒudiǎnr　　　요디얼　　　조금~하다.

有点儿贵　yǒudiǎnr guì　요디얼 꾸이　조금 비싸다

不太　　　bútài　　　　　부타이　　　너무~하지는 않다.

不太贵　　bútài guì　부타이 꾸이　그다지 작지는 않다.

很　hěn　　헌　　너무, 매우, 특정한뜻이 없는 문법적기능

很便宜　　hěn piányi　　　　헌 피엔이　　　싸다

非常　　　fēicháng　　　　페이창　　　너무, 매우

非常便宜　fēicháng piányi　페이창 피엔이　매우 싸다

零售·批发 소매·도매

A: 多少钱?

Duōshǎo qián?

뚜어샤오 치엔?

B: 零售两万元，批发一万八。

Língshòu liǎngwàn yuán, pīfā yíwàn bā.

링쇼 량완위엔, 피파 이완위엔

A: 批发的话最少要买几件?

Pīfā de huà zuì shǎo yào mǎi jǐ jiàn?

피파 더 화 쭈이샤오 야오 마이 지 찌엔?

B: 三十件。

Sānshí jiàn.

싼쓰 찌엔.

A: 얼마입니까?

B: 소매는 20,000원이고, 도매는 18,000원
입니다.

A: 도매로 하면 최소한 몇 벌을 사야하나요?

B: 30벌입니다.

A: 你是零售商还是批发商?

　　Nǐ shì língshòushāng háishì pīfāshāng?

　　니 쓰 링쇼샹 하이쓰 피파샹?

B: 是批发商。

　　Shì pīfāshāng.

　　쓰 피파샹.

A: 당신은 소매상입니까? 도매상입니까?

B: 도매상입니다.

零售	língshòu	링쇼	소매
批发	pīfā	피파	도매
零售商	língshòushāng	링쇼샹	소매상
批发商	pīfāshāng	피파샹	도매상

这件怎么样? 이건 어떠세요?

A: 有没有你要的款式?

Yǒuméiyǒu nǐ yào de kuǎnshì?

요메이요 니 야오더 콴쓰?

这件怎么样?

Zhè jiàn zěnmeyàng?

쩌찌엔 쩐머양?

B: 很好, 我要两件。

Hěn hǎo, wǒ yào liǎngjiàn.

헌 하오, 워 야오 량찌엔.

A: 찾으시는 스타일 있으세요?

이건 어떠세요?

B: 좋습니다, 두 벌 주세요.

有 yǒu 요 ~이 있다
没有 méiyǒu 메이요 ~이 없다

有~吗? = 有没有 yǒu~ma?=yǒuméiyǒu
요 ~ 마, 요메이요 ~이(가) 있습니까?

的 de 더 ~의, ~한
(소유나 종속, 또는 수식 관계임을 나타냄)

款式	kuǎnshì	콴쓰	스타일
这	zhè	쩌	이, 이것, 이사람
件	jiàn	찌엔	벌 (옷을 세는 양사)
怎么样	zěnmeyàng	쩐머양	어떻습니까?

那 nà 나 저, 저것, 저사람

个 ge 개, 명 (사람, 사물을 세는 양사)
一个人(yí ge rén 이 거런 사람 한 명)
一个商店(yí ge shāngdiàn 이 거 상띠엔 가게 하나)

件 jiàn 옷, 사건 등을 세는 양사
一件衣服(yí jiàn yīfu 이 찌엔 이푸 옷 한 벌)
一件衬衫(yí jiàn chènshān 이 찌엔 천산 셔츠 한 벌)

条 tiáo 긴 것을 세는 양사
一条裤子(yì tiáo kùzi 이 티아오 쿠즈 바지 한 벌)
一条围脖(yì tiáo wéibó 이 티아오 웨이보 목도리 한 장)

张 zhāng 짱 납작한 것을 세는 양사
一张卡(yì zhāng kǎ 이 짱 카 카드 한 장)
一张纸(yì zhāng zhǐ 이 짱 쯔 종이 한 장)

本 běn 번 권
一本书(yì běn shū 이 번 슈 책 한 권)
一本杂志(yì běn zázhì 이 번 짜쯔 잡지 한 권)

双 shuāng 슈앙 짝, 쌍으로 된 것을 세는 양사
一双鞋(yì shuāng xié 이 슈앙 시에 신발 한 켤레)
一双袜子(yì shuāng wàzi 이 슈앙 와즈 양말 한 켤레)

斤 jīn 찐 근(무게를 세는 양사)
一斤苹果(yì jīn píngguǒ 이 찐 핑구어 사과 한 근)
一斤橘子(yì jīn júzi 이 찐 쥐즈 귤 한 근)

第15课 有运动鞋吗? 운동화 있습니까?

A: 这儿有运动鞋吗?

Zhèr yǒu yùndòngxié ma?

쩔 요 윈똥시에 마?

B: 有, 这儿有运动鞋。

Yǒu, zhèr yǒu yùndòngxié.

요, 쩔 요 윈똥시에.

A: 여기 운동화가 있습니까?

B: 네. 여기 운동화가 있습니다.

A: 这儿有没有皮鞋?

Zhèr yǒuméiyǒu píxié?

쩔 요메이요 피시에?

B: 没有, 这儿没有皮鞋。

Méiyǒu, zhèr méiyǒu píxié.

메이요, 쩔 메이요 피시에.

A: 여기 구두 있습니까?

B: 아니요. 여기 구두는 없습니다.

　这儿有运动鞋吗는 직역하면 '여기 운동화가 있습니까'라
는 표현이지만 우리 말로 '여기 운동화 팝니까?'라는 표현이
다.

这儿	zhèr	쩔	여기
运动鞋	yùndòngxié	윈똥시에	운동화
皮鞋	píxié	피시에	구두

鞋	xié	시에	신발
男(士)鞋	nán(shì)xié	난(쓰)시에	남성화
女(士)鞋	nǚ(shì)xié	뉘(쓰)시에	여성화
凉鞋	liángxié	량시에	샌들
棉鞋	miánxié	미엔시에	(솜을 넣은)방한화
高跟鞋	gāogēnxié	까오껀시에	하이힐
坡跟鞋	pōgēnxié	포어껀시에	웨지힐
布鞋	bùxié	뿌시에	천으로 만들어진 신발
拖鞋	tuōxié	투어시에	슬리퍼
人字拖	rénzìtuō	런쯔투어	쪼리
靴子	xuēzi	쉬에즈	부츠
长靴	chángxuē	챵쉬에	목이 긴 부츠
短靴	duǎnxuē	뚜안쉬에	목이 짧은 부츠
雨靴	yúxuē	위쉬에	장화

谁穿的? 누가 입으실 거에요?

A: 谁穿的?
   Shéi chuān de?
   쉐이 츄안 더.

B: 我自己穿的。
   Wǒ zì jǐ chuān de.
   워 쯔지 츄안 더.

A: 누가 입으실 거에요?
B: 제가 입을 거에요.

A: 你自己穿的吗?
   Nǐ zì jǐ chuān de ma?
   니 쯔지 츄안 더 마?

B: 不是, 要送礼的, 送朋友的。
   Búshì, yào sònglǐ de, sòng péngyou de.
   부쓰, 야오 쏭리더, 쏭 펑요 더.

A: 본인이 입으실 거에요?
B: 아니요, 선물할거에요, 친구에게 선물 할
   거에요.

谁가 '누구'라는 의문의 표현이므로 문장 뒤에 吗를 붙일
필요가 없다.

谁　shéi　셰이　누구, 누가
穿　chuān　추안　입다
的　de　더　~의, ~하는 것
自己　zìjǐ　쯔지　자신, 스스로
送　sòng　쏭　보내다
送礼　sònglǐ　쏭리　선물하다
朋友　péngyou　펑요　친구

男朋友	nánpéngyou	난펑요	남자친구
女朋友	nǚpéngyou	뉘펑요	여자친구
家人	jiārén	찌아런	가족
爷爷	yéye	예예	할아버지
奶奶	nǎinai	나이나이	할머니
外公	wàigōng	와이꽁	외할아버지
外婆	wàipó	와이포어	외할머니
爸爸	bàba	빠바	아버지
妈妈	māma	마마	어머니
哥哥	gēge	꺼거	형, 오빠
姐姐	jiějie	지에지에	누나, 언니
弟弟	dìdi	띠디	남동생
妹妹	mèimei	메이메이	여동생

우와, 좋아라!!
숫자 하나 바뀌었는데,
매출이 이렇게. ^^

중국 사람들의 8자 사랑은 다들 알아줄 정도죠?
자동차 넘버로 8888을 구하기 위해 엄청난 웃돈을 낸다는
이야기도 유명하구요. 핸드폰 번호는 말할 것도 없다고 합
니다. 물론 한국이나 다른 나라에서도 이렇게 쉽고 의미있
는 번호는 인기가 있긴 하지만, 중국사람 정도는 아닌 것 같
아요.
중국인을 상대로 신발을 파는 가게의 샵마스터인 이씨는
매출 부진을 고민하여, 이 궁리, 저 궁리를 하고 있었습니다.
매장의 신발 디스플레이 위치를 바꿔 보기도 하고, POP를
예쁘게 만들어 걸어 놓기도 했는데, 별 뾰족한 수가 없었습니
다. 궁여지책으로 중국인들이 8자를 좋아한다는 이야기
를 떠올리고는 75,000원짜리 부츠를 88,800원으로 바꾸어 보
았다는군요. 처음에는 별 기대하지 않고, 재미삼아 해 본 일
이었지만, 숫자가 마음에 든다며 중국인들이 사가는 횟수가
늘어나고, 그 상품의 매출이 2배로 늘어났다는 이야기를 들
은 적이 있습니다.

　이렇게 8(bā)이라는 숫자가 돈을 벌다는 의미의 단어와 발음이 같기 때문에 중국인의 마음을 사로잡은 것 같습니다.

　사람의 마음을 움직이는 것 참 쉽기도 하고 어렵기도 하지요.

他个子高吗? 그는 키가 큽니까?

A: 他(她) 个子高吗?

　　Tā(Tā) gèzi gāo ma?

　　타 꺼즈 까오 마?

B: 不高, 跟我差不多。

　　Bù gāo, gēn wǒ chà bu duō.

　　뿌 까오, 껀 워 챠부뚜어.

A: 그(그녀)는 키가 큽니까?

B: 크지 않습니다.

A: 他多高?

　　Tā duō gāo?

　　타 뚜어 까오?

B: 一米七五。

　　Yì mǐ qī wǔ

　　이 미 치우.

A: 그는 얼마나 큽니까?

B: 175cm입니다.

他	tā	타	그
她	tā	타	그녀
个子	gèzi	꺼	키
高	gāo	까오	(키가)크다

跟　　gēn　껀　　~와, ~과
差不多　chà bu duō　챠부뚜어　비슷하다
(差不多 + 형용사 : 비슷하게 '형용사'하다 의 뜻이 된다.)
多　　duō　뚜어　얼마나
厘米　límǐ　리미　cm

관련 표현

矮	ǎi	아이	(키가) 작다
有点儿	yǒudiǎnr	요디얼	조금~하다
有点儿矮	yǒudiǎnr ǎi	요디얼 아이	조금작다
不太	bútài	부타이	너무~하지는 않다
不太矮	bútài ǎi	부타이 아이	그다지 작지는 않다
很	hěn	헌	너무, 매우, 특정한 뜻이 없는 문법적기능
很矮	hěn ǎi	헌아이	작다
非常	fēicháng	페이창	너무, 매우
非常矮	fēicháng ǎi	페이창 아이	매우 작다

不胖不瘦! 뚱뚱하지도 않고, 마르지도 않았습니다!

A: 他有点儿胖还是有点儿瘦?

Tā yǒudiǎnr pàng háishì yǒudiǎnr shòu?

타 요디얼 팡 하이쓰 요디얼 쑈우?

B: 有点儿胖。

Yǒudiǎnr pàng.

요디얼 팡.

A: 그는 뚱뚱한 편이세요? 날씬한 편이세요?
B: 약간 뚱뚱합니다.

A: 他偏胖还是偏瘦?

Tā piān pàng háishì piān shòu?

타 피엔 팡 하이쓰 피엔 쑈우?

B: 不胖不瘦!

Bú pàng bú shòu!

부 팡 부 쑈우!

A: 그는 뚱뚱한 편이세요? 날씬한 편이세요?
B: 뚱뚱하지도 않고, 마르지도 않습니다.

还是 háishì 하이쓰 아니면, 혹은 还是은 선택의문 문이다. 의문문에서만 쓸 수 있고 뒤에 吗를 붙이지 않는 다.

胖 pàng 팡 뚱뚱하다
瘦 shòu 쇼우 마르다. 날씬하다.
偏 piān 피엔 ~한 편이다.

不A不B bùAbùB 뿌A뿌B
A하지도 않고 B하지도 않다.

不 + 1,2,3성 → 不(bù) + 1,2,3성
(예)不高 bù gāo 뿌까오 키가 크지 않다
(예)不矮 bù ǎi 뿌아이 키가 작지 않다

不 + 4성 → 不(bú) + 4성
(예)不大 bú dà 부따 크지 않다
(예)不胖 bú pàng 부팡 뚱뚱하지 않다

适合你! 잘 어울립니다!

A: 这件怎么样? 适合我吗?

　　Zhè jiàn zěnmeyàng? Shìhé wǒ ma?

　　쩌 찌엔 쩐머양? 쓰허 워 마?

B: 我觉得你穿很合适, 很帅 (很漂亮)。

　　Wǒ juéde nǐ chuān hěn héshì,
　　hěn shuài (hěn piàoliang).

　　워 쥐에더 니 츄안 헌 허쓰, 헌 슈아이 (헌 피아오량)

A: 是吗? 谢谢!

　　Shì ma? xiè xie!

　　쓰마? 시에 시에!

A: 이 옷이 어때요? 저에게 잘 어울립니까?

B: 제 생각에는 당신이 입으니 잘 어울리는 것 같습니다. 멋지세요. (예쁘세요).

A: 그래요? 감사합니다.

适合(shìhé), 合适(héshì)은 모두 '어울리다, 적합하다'의 의미를 가지고 있지만, 适合는 동사, 合适은 형용사이다.

适合	shìhé	쓰허	어울리다
帅	shuài	슈아이	멋지다
觉得	juéde	쥐에더	~라고 여기다
漂亮	piàoliang	피아오량	예쁘다

时尚	shíshàng	쓰샹	세련되다
性感	xìnggǎn	씽간	섹시하다
酷	kù	쿠	쿨하다, 멋있다
淑女	shūnǚ	슈뉘	숙녀답다
可爱	kě'ài	커아이	귀엽다
年轻	niánqīng	니엔칭	젊다
成熟	chéngshú	슈	성숙하다
干练	gànliàn	깐리엔	말쑥하다

你要什么尺寸的?
어떤 사이즈를 원합니까?

A: 这个有点儿小, 有更大的吗?

Zhège yǒudiǎnr xiǎo, yǒu gèng dà de ma?

쩌거 요디얼 샤오, 요 껑 따더 마?

B: 这是S的, 我给你M的。

Zhè shì S de, wǒ gěi nǐ M de.

쩌 쓰 S 더, 워 게이 니 M 더.

A: 那么, 这个有没有L的?

Nàme, zhège yǒuméiyǒu L de?

나머, 쩌거 요메이요 L 더?

B: 不好意思, 这是均码的。

Bù hǎo yìsi, zhè shì jūnmǎ de.

뿌 하오 이쓰, 쩌 쓰 쥔마 더.

A: 이것이 조금 작은데, 더 큰 것이 있습니까?

B: 이것은 스몰입니다, 미디움 드릴게요.

A: 그럼, 이것은 라지 있습니까?

B: 죄송하지만, 이것은 프리사이즈입니다.

尺寸	chǐcùn	츠춘	사이즈
小	xiǎo	샤오	작다
更	gèng	껑	더, 더욱
大	dà	따	크다
给	gěi	게이	~에게, ~에게 주다
均码	jūnmǎ	쥔마	프리사이즈

重　zhòng　쭝　무겁다

轻　qīng　칭　가볍다

厚　hòu　호우　두껍다

薄　báo　바오　얇다

硬　yìng　잉　딱딱하다

软　ruǎn　루안　부드럽다

高　gāo　까오　높다, (키가)크다

矮　ǎi　아이　낮다, (키가)작다

小码(小号)　xiǎomǎ(xiǎohào)

샤오마(샤오하오)　스몰 사이즈

中码(中号)　zhōngmǎ(zhōnghào)

쭝마(쭝하오)　미디움 사이즈

大码(大号)　dàmǎ(dàhào)

따마(따하오)　라지 사이즈

加大码(特大号)　jiādàmǎ(tèdàhào)

지아따마(터따마)　투엑스라지

颜色 색깔

A: 有什么颜色的?

　　Yǒu shénme yánsè de?

　　요 션머 옌써 더?

B: 有白色的。

　　Yǒu báisè de.

　　요 바이써 더.

A: 무슨 색이 있습니까?

B: 흰색이 있습니다.

A: 还有别的颜色吗?

　　Háiyǒu biéde yánsè ma?

　　하이요 비에더 옌써 마?

B: 还有金黄色的。

　　Háiyǒu jīnhuángsè de.

　　하이요 진황써 더.

A: 다른 색깔이 있습니까?

B: 금색이 있습니다.

颜色　yánsè　옌써　색깔

还　　hái　　하이　또

别　　bié　　비에　다르다.

白色	báisè	바이써	흰색
米色	mǐsè	미써	아이보리
粉红色	fěnhóngsè	펀훙써	분홍색
玫红色	méihóngsè	메이훙써	장미색, 자주색
黄色	huángsè	황써	노란색
桔黄色	júhuángsè	쥐황써	귤색
枣红色	zǎohóngsè	짜오훙써	대추색
(大)红色	(dà)hóngsè	(따)훙써	빨간색
绿色	lǜsè	뤼써	녹색
军绿色	jūnlǜsè	쥔뤼써	카키색
天蓝色	tiānlánsè	티엔란써	하늘색
蓝色	lánsè	란써	파란색
紫色	zǐsè	즈써	보라색
棕色	zōngsè	쭝써	갈색
褐色	hèsè	허써	갈색
咖啡色	kāfēisè	카페이써	커피색
驼色	tuósè	투어써	중간갈색(낙타색)
金(黄)色	jīn(huáng)sè	쥔(황)써	황금색
银色	yínsè	인써	은색
灰色	huīsè	후이써	회색
黑色	hēisè	헤이써	검정색

第22课 这是韩国货吗? 한국산입니까?

A: 这是韩国货吗?

Zhè shì hánguóhuò ma?

쩌 쓰 한궈훠 마?

B: 是，这是韩国货。

Shì, zhè shì hánguóhuò.

쓰, 쩌 쓰 한궈훠.

A: 이것은 한국산 입니까?

B: 네. 이것은 한국산입니다.

A: 这是中国货吗?

Zhè shì zhōngguóhuò ma?

쩌 쓰 쭝궈훠 마?

B: 不是，这不是中国货。

Búshì, zhè bú shì zhōngguóhuò.

부쓰, 쩌 부쓰 쭝궈훠.

A: 이것은 중국산 입니까?

B: 아니요, 이것은 중국산이 아닙니다.

韩国货	hánguóhuò	한궈훠	한국산
中国货	zhōngguóhuò	쭝궈훠	중국산
日本货	rìběnhuò	르번훠	일본산
美国货	měiguóhuò	메이궈훠	미국산
法国货	fǎguóhuò	퐈궈훠	프랑스산
菲律宾货	fēilùbīnhuò	페이뤼삔훠	필리핀산

什么料子的? 무슨 재료입니까?

A: 什么料子(皮)的?

　　Shénme liàozi(pí)de?

　　션머 랴오즈(피) 더?

B: 羊毛的。

　　Yángmáo de.

　　양마오 더.

A: 무슨 재질(가죽) 입니까?

B: 양모입니다.

A: 这料子怎么样?

　　Zhè liàozi zěnmeyàng?

　　쩌 랴오즈 쩐머양?

B: 我们的料子很好。

　　Wǒmende liàozi hěn hǎo.

　　워먼더 랴오즈 헌 하오.

　　是高档的。

　　Shì gāodàng de.

　　쓰 까오땅 더.

A: 이 원단은 어떻습니까?

B: 저희집은 원단이 좋습니다.

　　고급 원단입니다.

料子　liàozi　랴오즈　재질

皮	pí	피	가죽
羊毛	yángmáo	양마오	양모
我们	wǒmen	워먼	우리
高档	gāodàng	까오땅	고급의

관련 표현

布	bù	뿌	천
牛皮	niúpí	니우피	소가죽
羊皮	yángpí	양피	양가죽
人造皮(革)	rénzàopí (gé)	런짜오피(거)	인조가죽
棉	mián	미엔	면
尼绒	níróng	니롱	나일론
丝绸	sīchóu	쓰쵸	실크
涤纶	dílún	디룬	폴리에스테르
合成纤维	héchéngxiānwéi	허청시엔웨이	합성섬유
中档	zhōngdàng	쭝까오땅	중급의
低档	dīdàng	띠땅	저급의
轻	qīng	칭	가볍다
柔	róu	러우	부드럽다
硬	yìng	잉	딱딱하다

最近流行什么?
요즘 어떤 것이 유행입니까?

A: 最近流行什么?

Zuìjìn liúxíng shénme?

쭈이찐 리우싱 션머?

给我推荐一下。

Gěi wǒ tuījiàn yíxià.

게이 워 투이찌엔 이시아.

B: 这个很流行。

Zhège hěn liúxíng.

쩌거 헌 리우싱.

A: 요즘 어떤 것이 유행입니까?
추천해주세요.

B: 이것이 엄청 유행입니다.

最近	zuìjìn	쭈이찐	요즘
流行	liúxíng	리우싱	유행하다
推荐	tuījiàn	투이찌엔	추천하다

最近什么比较火?

Zuìjìn shénme bǐjiào huǒ?

쭈이찐 션머 비찌아오 후어?

요즘 어떤 것이 인기가 많습니까?

앗!! 40% 할인이라 하니,
40%만 내고 가다니…

중국인들이 많이 오는 쇼핑몰에서 티셔츠 판매를 하고 있는
김민경 사장님은 봄 상품 재고를 줄이기 위해 세일을 하기
로 결심했습니다.

중국인들도 많이 오는 곳이니 당연히 중국어로 세일한다는
POP를 만들기로 하고, 아는 지인에게 물어, 물어, 40% 세일
을 한다는 중국어 POP를 만들었습니다.

중국어로는 이렇게 표현한다는군요,

"打4折"

"음~~! 이제 됐군"

세일을 한다는 POP를 붙이고나자 곧 한국 손님이 티셔츠를
사갔고, 다시 곧이어 중국 남성 고객이 티셔츠 매장으로 다
가왔습니다.

티셔츠를 요리조리 살펴보고, 입어보기도 한 그 고객은 가
격표를 다시 살펴보고, 흡족한 표정으로 그 티셔츠를 달라
고 하는 것이었습니다.

김사장님은 티셔츠를 포장해서 드리고, 물건값을 계산했습
니다.

티셔츠가 75,000원이므로, 40% 할인해서 45,000이군.

손님이 은련카드를 내밀었기에 45,000원을 승인받고 손님은 사인을 하고 돌아갔습니다.

한참 후에 화난 표정으로 씩씩거리며 돌아온 손님은 김민경 사장님이 물건값을 더 받았다며 따지는 것이었습니다.

그 손님은 한국어를 잘 못하고, 김사장님은 중국어를 잘 못하니, 서로 이해가 안되는 상황에서 옥신각신 한참을 실랑이를 벌인 후, 마침 중국어를 할 줄 아는 이웃 매장의 도움으로 문제가 해결되었습니다.

이유인즉, 한국과 중국은 세일 비율을 표시하는 방법이 다른 것이었습니다.

한국사람은 할인하는 만큼의 비율을 표시하지만, 중국사람은 받는 부분의 비율을 표시하는 것입니다.

따라서, 40%를 할인한다고 하면, 60%에 해당되는 금액을 지불하는 것이므로, 중국에서는 60%를 할푼리의 할로 표시해서, 즉, 6할이므로, "따(打)6져(折)"이라고 표시하는 것입니다.

김사장님과 그 중국 고객은 오해를 푸는 데, 시간이 걸리긴 했지만, 결국 서로 다른 재미있는 문화차이에 대해 알게 된 셈입니다.

여러분, 30% 세일할 땐, "따7져" ^^

可以试试吗? 입어 봐도 되나요?

A: 可以试试吗?

　　Kěyǐ shì shi ma?

　　커이 쓰 쓰 마?

B: 当然可以。

　　Dāngrǎn kěyǐ.

　　땅란 커이.

A: 입어 봐도 되나요?

B: 당연히 되지요.

A: 随便穿一下, 不买也没关系。

　　Suíbiàn chuān yíxià, bù mǎi yě méi guānxi.

　　수이비엔 츄안이샤. 뿌마이 예 메이 꽌시.

B: 谢谢!

　　Xiè xie!

　　시에 시에

A: 편하게 입어보세요. 안 사셔도 됩니다.

B: 감사합니다.

可以　kěyǐ　　커이　~할수 있다

试　　shì　　쓰　　시험 삼아 해보다(여기서는
　　　　　　　　　　'옷을 한번 입어보다'의 의미)

当然　dāngrán　땅란　당연하다

随便 suíbiàn 쑤이비엔 마음대로.편한대로
随便＋동사:편하게 '동사'하다
买 mǎi 마이 사다

试背 shìbēi 쓰 뻬이 (가방 등을) 메보다
试提 shìtí 쓰 티 (가방 등을) 들어보다

打折 할인

A: 现在打折。

Xiànzài dǎzhé.

시엔짜이 따저.

지금 할인합니다.

A: 现在是打折期间。

Xiànzài shì dǎzhé qījiān.

시엔짜이 쓰 따저 치지엔.

지금은 세일기간입니다.

A: 现在打八折。

Xiànzài dǎ bā zhé.

시엔짜이 따 빠 저.

20% 할인합니다.

중국에서는 세일의 정도를 표현할 때, 원래 가격의 10분의 몇을 내는지 말한다. 예를 들어, 20% 할인은 打8折, 30% 할인은 打7折이다.

打折 dǎzhé 따저   할인하다

期   qījiān 치지엔 기간

减价	jiǎnjià	지엔지아	할인하다
大减价	dàjiǎnjià	따지엔지아	바겐세일
优惠	yōuhuì	요후이	특혜, 할인
赠品	zèngpǐn	쩡핀	증정품

便宜点儿吧 조금 싸게 해주세요.

A: 便宜点儿吧。
   Piányi diǎnr ba.
   피엔이 디얼 바.

B: 已经很便宜了，不能再便宜了。
   Yǐjīng hěn piányi le, bùnéng zài
   piányi le.
   이징 헌 피엔일러, 뿌넝 짜이 피엔일러.

A: 조금 싸게 해주세요.
B: 이미 아주 쌉니다, 더 싸게는 안 됩니다.

A: 便宜1000块吧。
   Piányi yìqiān kuài ba.
   피엔이 이치엔콰이 바.

B: 好吧，以后常来。
   Hǎo ba, yǐhòu cháng lái.
   하오 바, 이호우 창 라이.

A: 1000원 싸게 해주세요.
B: 네, 앞으로도 자주 오세요.

一点儿	yìdiǎnr	이디얼	조금
吧	ba	바	문장 맨 끝에 쓰여 청유, 추측 등의 어기를 나타냄
已经	yǐjīng	이징	이미
能	néng	넝	~할 수 있다
再	zài	짜이	더, 다시

包 가방

A: 你要什么样的包?
   Nǐ yào shénmeyàng de bāo?
   니 야오 션머양더 빠오?

B: 我要手提包。
   Wǒ yào shǒutíbāo.
   워 야오 쇼티빠오.

A: 어떤 가방을 원하십니까?
B: 핸드백 사려구요

什么样 shénmeyàng 션머양   어떤
包   bāo   빠오   가방
手提包 shǒutíbāo   쇼티빠오 핸드백

관련 표현

男包	nánbāo	난빠오	남자가방
女包	nǚbāo	뉘빠오	여자가방
单肩包	dānjiānbāo	딴지엔빠오	숄더백
双肩包	shuāngjiānbāo	슈앙지엔빠오	백팩
背包	bèibāo	뻬이빠오	백팩
书包	shūbāo	슈빠오	책가방
公文包	gōngwénbāo	꽁원빠오	서류가방
旅行箱	lǚxíngxiāng	뤼싱샹	여행가방
钱包	qiánbāo	치엔빠오	지갑
手拿包	shǒunábāo	쇼나빠오	클러치백
卡包	kǎbāo	카빠오	카드 지갑

饰品 악세사리

A: 这个项链很漂亮。

Zhè ge xiàngliàn hěn piàoliang.

쩌거 샹리엔 헌 피아오량.

给我看看。

Gěi wǒ kàn kan.

게이 워 칸칸.

B: 好的, 是18K的。

Hǎo de, shì 18K de.

하오 더, 쓰 18케이 더.

还有, 这项链和耳环是一套的。

Háiyǒu, zhè xiàngliàn hé ěrhuán shì
yí tào de.

하이요, 쩌 샹리엔 허 얼환 쓰 이타오더.

A: 이 목걸이가 예쁘네요. 좀 보여주세요.

B: 네, 18k입니다. 그리고, 이 목걸이와 귀걸이는 세트입
니다.

项链	xiàngliàn	샹리엔	목걸이
耳环	ěrhuán	얼환	귀걸이
套	tào	타오	세트

饰品	shìpǐn	쓰핀	악세사리
戒指	jièzhǐ	지에쯔	반지
手链	shǒuliàn	쇼리	팔찌
胸针	xiōngzhēn	시용쩐	브로치
发夹	fàjiā	파쟈	머리핀
围巾	wéijīn	웨이진	스카프
围脖	wéibó	웨이보어	목도리
手套	shǒutào	쇼타오	장갑

哪个更好? 어느 것이 더 좋습니까?

A: 哪个更好?

　　Nǎ ge gèng hǎo?

　　나거 껑 하오?

B: 都不错。

　　Dōu búcuò.

　　또 부추어.

　　不过我觉得那个更漂亮。

　　Búguò wǒ juéde nà ge gèng piàoliang.

　　부꾸어 워 쥐에더 나거 껑 피아오량.

A: 어느 것이 더 좋습니까?

B: 모두 좋습니다. 그러나 제 생각에는 저것이 더 예쁩
　　니다.

哪	nǎ	나	어느
更	gèng	껑	더, 더욱
不过	búguò	부꾸어	그러나
觉得	juéde	쥐에더	~라고 여기다.
			~라고 생각하다
不错	búcuò	부추어	좋다
漂亮	piàoliang	피아오량	예쁘다

有可以搭配的上衣吗?
같이 입을만한 상의가 있습니까?

A: 有可以搭配的上衣吗?

Yǒu kěyǐ dāpèi de shàngyī ma?

요 커이 따페이더 샹이 마?

B: 有, 这个怎么样?

Yǒu, zhè ge zěnmeyàng?

요, 쩌거 쩐머양?

A: 很好。

Hěn hǎo.

헌 하오.

A: 같이 입을만한 상의가 있습니까?

B: 있습니다, 이것은 어떻습니까?

A: 좋네요.

可以 kěyǐ   커이   ~할 수 있다.

搭配 dāpèi   따페이   짝을 이루다. 조합하다.

上衣 shàngyī   샹이   상의

结帐 결제

A: 你要付现金还是刷卡?

Nǐ yào fù xiànjīn háishi shuā kǎ?

니 야오 푸 시엔진 하이쓰 슈아 카?

B: 付现金。

Fù xiànjīn.

푸 시엔진.

还有请给我发票。

Háiyǒu qǐng gěi wǒ fāpiào.

하이요 칭 게이 워 파피아오.

A: 현금으로 계산하시겠어요, 카드로 계산하시겠
어요?

B: 현금이요. 그리고 영수증 주세요.

A: 可以用信用卡结帐吗?

Kěyǐ yòng xìnyòngkǎ jiézhàng ma?

커이 용 신용카 지에짱 마?

B: 我们不收信用卡, 只收现金。

Wǒmen bù shōu xìnyòngkǎ, zhǐ shōu
xiànjīn.

워먼 뿌 쇼 신용카, 쯔 쇼 신용카.

A: 신용카드로 계산할 수 있나요?

B: 저희는 신용카드는 받지 않습니다. 현금만 받습니다.

付现金　fù xiànjīn　푸 시엔진　현금을 내다
刷卡　　shuā kǎ　슈아 카　카드로 계산하다
发票　　fāpiào　파피아오　영수증
信用卡　xìnyòngkǎ　신용카　신용카드
结帐　　jiézhàng　지에짱　계산하다
收　　　shōu　쇼　받다

관련 표현

计算	jìsuàn	지쑤안	계산
价格/金额	jiàgé/jīn'é	지아거, 진어	가격
签名	qiānmíng	치엔밍	서명
小票	xiǎopiào	시아오피아오	영수증
密码	mìmǎ	미마	비밀번호
支票	zhīpiào	쯔피아오	수표
汇率	huìlù	후이뤼	환율

돈을 떨어뜨리는 중국인,
왜 그럴까요?

중국인에게 화장품을 파는 매장에서 일하는 안성주씨는 중국인의 행동을 처음에는 이해할 수가 없었습니다. 가끔 동전을 주고 받아야 하는 경우가 있는데, 그럴 때 동전을 받을 때면, 중국인은 얌전히 건네주지 않고, 돈을 떨어뜨리는 것이었습니다. 떨어진 동전을 줍는 것도 귀찮지만, 나를 하찮게 여겨서 동전을 떨어뜨리는 것인가 싶어 은근히 기분 나쁠 때가 한두 번이 아니었습니다.

그래서, 한 번은 다른 중국인에게 중국인이 동전을 떨어뜨리는 이유에 대해 물어본 적이 있었는데, 중국에서는 돈을 건네줄 때 손 위에 올려주는 경우가 잘 없다고 합니다.

동전을 주고 받을 때 신체접촉이 오히려 상대방에게 불쾌감을 줄 수도 있기 때문이라고 하니, 같은 행위에 있어서 이렇게 다른 해석이 가능하다는 것이 신기하기도 하고, 재미있기도 합니다.

알고보면 이해하지 못할 문화가 없다고 하니, 서로를 이해

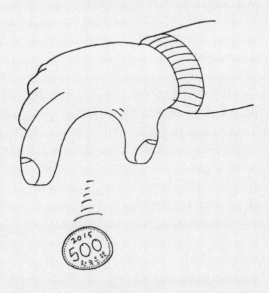

하기 위해, 또 나아가 비즈니스를 위해서라도 상대의 문화
를 이해하려는 노력은 중요한 것 같습니다.

包装 포장

A: 你要包装吗?

　　Nǐ yào bāozhuāng ma?

　　니 야오 빠오쭈앙 마?

B: 是,我要分开包装。

　　Shì, wǒ yào fēnkāi bāozhuāng.

　　쓰, 워 야오 펀카이 빠오쭈앙.

A: 포장해드릴까요?

B: 네, 각각 포장해주세요.

A: 你要袋子吗?

　　Nǐ yào dàizi ma?

　　니 야오 따이즈 마?

B: 不用了。

　　Bú yòng le.

　　부용러.

A: 봉투 필요하세요?

B: 필요하지 않습니다.

包装 bāozhuāng　빠오쭈앙　포장

分开 fēnkāi　　　펀카이　　각각

袋子 dàizi　　　 따이즈　　봉투

你叫什么名字?
당신의 이름은 무엇입니까?

A: 您贵姓?

　Nín guì xìng?

　닌 꾸이 씽?

B: 我姓_____, 叫_____。

　 Wǒ xìng _____, jiào _____.

　워 씽_____, 찌아오_____.

A: 당신의 성은 무엇입니까?

B: 제 성은____이고, 이름은_____입니다.

A: 你叫什么名字?

　Nǐ jiào shénme míngzi?

　니 찌아오 션머 밍즈?

B: 我叫_____。

　Wǒ jiào_____ .

　워 찌아오_____.

A: 당신의 이름은 무엇입니까?

B: 제 이름은_____입니다.

A: 你们是哪家商店?

　　Nǐmen shì nǎ jiā shāngdiàn?

　　니먼 쓰 나지아 샹띠엔?

B: 我们是。

　　Wǒmen shì.

　　워먼 쓰.

A: 상호명이 무엇입니까?

B: 저희는_____입니다.

　일반적으로 어른에게는 바로 이름을 물어보지 않고, 성을 물어보는 것이 예의이다. 您贵姓?이라고 질문 하면 성만 답할 수 도 있고, 이름까지 답할 수도 있다. 나이가 비슷하거나 어린 경우에는 바로 你叫什么名字?라고 이름을 물어볼 수 있다.

叫　　jiào　　　찌아오　부르다. 불리다.

名字 míngzi　　밍즈　　이름

商店 shāngdiàn 샹띠엔　상점

这是我的名片
이것은 저의 명함입니다.

A: 这是我的名片。

Zhè shì wǒ de míngpiàn.

쩌 쓰 워 더 밍피엔.

你有名片吗?

Nǐ yǒu míngpiàn ma?

니 요 밍피엔 마?

B: 有，这是我的名片。

Yǒu, zhè shì wǒ de míngpiàn.

요, 쩌쓰 워 더 밍피엔.

A: 이것은 저의 명함입니다. 당신은 명함이 있습니까?

B: 네, 이것은 저의 명함입니다.

名片 míngpiàn 밍피엔 명함

手机号码	shǒujī hàomǎ	쇼지하오마	핸드폰번호
电话号码	diànhuà hàomǎ	띠엔화하오마	전화번호
邮箱	yóuxiāng	요샹	이메일

退换 교환과 환불

A: 我想换一下。

　　Wǒ xiǎng huàn yíxià.

　　워 샹 환이시아.

B: 有什么问题吗?

　　Yǒu shénme wèntí ma?

　　요 션머 원티 마?

A: 这个有点儿大。

　　Zhè ge yǒudiǎnr dà.

　　쩌거 요디얼 따.

B: 好的, 可以。

　　Hǎode, kěyǐ.

　　하오더, 커이.

A: 이거 바꾸고 싶은데요.

B: 무슨 문제 있으세요?

A: 조금 큽니다.

B: 네, 가능합니다.

退换 tuìhuàn 　투이환　교환과 환불

问题 wèntí 　　원티　　문제

可以 kěyǐ 　　　커이　　~을 할 수 있다.

관련 표현

不可以 bùkěyǐ 뿌커이   ~을 할 수 없다.

退货   tuìhuò 투이후어 환불하다

你是从哪儿来的?
어디에서 왔습니까?

A: 你是从哪儿来的?

　　Nǐ shì cóng nǎr lái de?

　　니 쓰 총 날 라이 더?

B: 我是从韩国来的。

　　Wǒ shì cóng hánguó lái de.

　　워 쓰 총 한구어 라이 더.

A: 你是来做什么的?

　　Nǐ shì lái zuò shénme de?

　　니 쓰 라이 쭈어 선머 더?

B: 我是来看国外市场的。

　　Wǒ shì lái kàn guówài shìchǎng de.

　　워 쓰 라이 칸 구어와이 쓰창 더.

A: 당신은 어디에서 왔습니까?

B: 저는 한국에서 왔습니다.

A: 무엇을 하러 왔습니까?

B: 국외시장을 보러 왔습니다.

从 cóng 총 ~에서 부터

是…的 shì…de 쓰…더 시간, 장소, 방식 등을 강조.

　　강조하고자 하는 내용을 是과 的 사이에 쓰며, 과거에 일어난 일에 대해서만 쓸 수 있다.

我是来出差的。

wǒ shì lái chūchāi de.

워 쓰 라이 츄챠이 더.

저는 출장차 왔습니다.

我是来旅游的。

wǒ shì lái lǚyóu de.

워 쓰 라이 뤼요 더.

저는 여행하러 왔습니다.

我是来留学的。

wǒ shì lái liúxué de.

워 쓰 라이 리우쉬에 더.

저는 유학하러 왔습니다.

我会说汉语
저는 중국어 할 수 있습니다.

A: 你会说汉语吗?

　　Nǐ huì shuō hànyǔ ma?

　　니 후이 슈어 한위 마?

B: 我会说一点儿。

　　Wǒ huì shuō yìdiǎnr.

　　워 후이 슈어 이디얼.

A: 당신은 중국어를 할 수 있습니까?

B: 저는 조금 할 줄 압니다.

会　　huì　　후이　~을 할 수 있다 (배워서 습득한 능력)

汉语　hànyǔ　한위　중국어

请说慢点儿。

Qǐng shuō màn diǎnr.

칭 슈어 만디얼.

천천히 말씀해 주세요.

请再说一遍。

Qǐng zài shuō yí biàn.

칭 짜이 슈어 이비엔.

다시 한번 말씀해 주세요.

听不懂

Tīng bu dǒng

팅부동.

못 알아 듣겠습니다.

慢　　màn　　　만　　천천히

一遍 yí biàn 이비엔　한번

你的商店在哪儿?
당신의 가게는 어디에 있습니까?

A: 你的商店在哪儿?

Nǐ de shāngdiàn zài nǎr?

니 더 상띠엔 짜이 날?

B: 我的商店在东大门市场。

Wǒ de shāngdiàn zài dōngdàmén shìchǎng.

워 더 상띠엔 짜이 똥따먼 쓰창.

A: 당신의 가게는 어디에 있습니까?
B: 제 가게는 동대문 시장에 있습니다.

위치를 물을 경우, 묻고자 하는 말을 앞에 위치 시킨 후
在哪儿을 쓰면 된다.

商店　　shāngdiàn 상띠엔　상점. 가게
在哪儿 zài nǎr　　짜이 날　어디에 있습니까?

东大门市场 dōngdàmén shìchǎng
똥따먼 쓰창　동대문시장

南大门市场	nándàmén shìchǎng	난따먼 쓰창	남대문시장
明洞	míngdòng	밍똥	명동
一楼	yī lóu	일로우	1층
二楼	èr lóu	얼로우	2층
三楼	sān lóu	싼로우	3층
地下一楼(层)	dìxià yī lóu(céng)	띠시아 일로우	지하1층

老板在吗? 사장님 계십니까?

A: 老板在吗?

Lǎobǎn zài ma?

라오반 짜이 마?

B: 不在。

Bú zài.

부 짜이.

他去洗手间了。

Tā qù xǐshǒujiān le.

타 취 시쇼지엔러.

请等一下。

Qǐng děng yíxià.

칭 덩이시아.

A: 사장님 계십니까?

B: 안 계십니다.

사장님은 화장실에 갔습니다.

기다려주세요.

동사 중첩에는 '동사 + 동사' 혹은 '동사 + 一 +동사'의 방법이 있다.

이처럼 동사를 중첩하면 의미는 약해지므로, 완곡한 표현이 된다.

洗手间 xǐshǒujiān 시쇼우지엔 화장실

等 děng 덩 기다리다.

厕所

cèsuǒ

처쑤어

화장실

卫生间

wèishēngjiān

웨이셩지엔

화장실

(请)稍等。

(qǐng) shāo děng.

칭 샤오 덩.

잠깐 기다려주세요.

무얼 사시겠어요?
무얼 파시겠어요?

　남평화 지하매장에서 가방을 판매하시는 신사장님. 최근에 중국어 공부를 시작하셨는데요, 그래서 그런지 중국 고객만 보면 신이 나서 얘기를 곧잘 걸어 봅니다.

　하지만, 오늘은 그 신사장님의 실패담^^

　인터넷으로 자사의 홈페이지도 중국어로 리뉴얼하여 중국에서 도매고객이 가끔 찾아오기도 하는 신사장님의 가게.

　오늘도 중국에서 온 고객을 만나 중국어로 더듬더듬 열심히 말을 이어 가던 중,

　신사장님이 "니 야요 마이 션머"(무얼 파시겠어요?)

　라고 말을 하자, 중국손님 왈, 난 팔러 온게 아니에요. 라고 말을 하는 것이었습니다.

　다시 한번, 신사장님이 "니 야요 마이 션머"(무얼 사시겠어요?)

　라고 말을 하자, 고개를 절레절레 저으며, 가 버리는 것이었습니다.

　뭐가 잘못되었을까 고민하던 신사장님이 다음 중국어수업 시간에 강사님을 찾아와 겪었던 이야기를 나누었습니다.

[mǎi]　　　　　　[mài]

"선생님, 제 표현이 어디가 잘못되었나요?"

그때 중국어 선생님 왈,

"신사장님, 중국어는 많은 문장을 외우려고 하시지 말고, 정확하게 발음과 성조를 연습하는 것이 중요합니다. 성조가 다르면 완전히 다른 단어가 되어 버리는 경우가 많아서 성조를 정확하게 표현해야 하는데요. 예를 들어, "마이"와 같은 단어는 3성으로 읽으면, '사다'라는 뜻이 되지만, 4성으로 읽으면 '팔다'는 뜻이 됩니다. 중국손님은, 판매하러 온게 아니라 매입하러 온 것인데, 마이를 4성으로 발음하며 무얼 팔러 왔냐는 뜻으로 계속 물어보시니 가게를 잘못 찾은 것으로 알고, 돌아가신 것 같아요."

라고 하시는 것이었습니다.

하나만 더 예를 들어 볼까요?

지앙 지아 한자라는 문장에서 지앙이 3성일 경우에는 값에 대해 이야기할 수 있습니다. 라는 뜻이지만, '지앙'을 4성으로 읽으면 '가격을 깎아드릴게요.'가 되어 버립니다.

이렇듯, 중국어는 발음이 같아도, 성조가 다르면 의미가 달라지니, 단어를 처음 배울 때 정확한 높낮이를 함께 익혀야 오해 없이 비즈니스를 할 수 있습니다. ^^

几点来? 몇 시에 옵니까?

A: 几点来?

Jǐ diǎn lái?

지디엔 라이?

B: 两点来。

Liǎng diǎn lái.

량 디엔 라이.

A: 몇 시에 옵니까?

B: 두 시에 옵니다.

点 diǎn 디엔 시

来 lái 라이 오다

一点	两点	三点	四点	五点	六点
yī diǎn 이 디엔	liǎng diǎn 량 디엔	sān diǎn 싼 디엔	sì diǎn 쓰 디엔	wǔ diǎn 우 디엔	liù diǎn 리우 디엔
七点	八点	九点	十点	十一点	十二点
qī diǎn 치 디엔	bā diǎn 빠 디엔	jiǔ diǎn 지우 디엔	shí diǎn 쓰 디엔	shíyī diǎn 쓰이 디엔	shíèr diǎn 쓰얼 디엔

2:05	两点 零五(分) liǎngdiǎn líng wǔ(fēn) 량 디엔 링 우(펀)	两点 零五 liǎngdiǎn líng wǔ 량 디엔 링우
2:15	两点 三十五(分) liǎngdiǎn shíwǔ(fēn) 량 디엔 쓰우(펀)	两点 一刻 liǎngdiǎn yíkè 량 디엔 이커
2:30	两点 三十(分) liǎngdiǎn sānshí(fēn) 량 디엔 싼쓰(펀)	两点 半 liǎngdiǎn bàn 량 디엔 빤
2:45	两点 四十五(分) liǎngdiǎn sìshíwǔ(fēn) 량 디엔 쓰쓰우(펀)	差一刻 三点 chà yíkè sāndiǎn 차 이커 싼 디엔
2:55	两点 五十五(分) liǎngdiǎn wǔshíwǔ(fēn) 량 디엔 우쓰우(펀)	差五分 三十点 chà wǔfēn sāndiǎn 차 우펀 싼 디엔

星期几来? 무슨 요일에 옵니까?

A: 星期几来?

　　Xīngqī jǐ lái?

　　싱치 지 라이?

B: 星期天来。

　　Xīngqī tiān lái.

　　싱치티엔 라이.

A: 무슨 요일에 옵니까?

B: 일요일에 옵니다.

星期 xīngqī 싱치 주, 요일

월요일	화요일	수요일	목요일	금요일	토요일	일요일
星期一	星期二	星期三	星期四	星期五	星期六	星期天 (星期日)
xīngqī yī 싱치 이	xīngqī èr 싱치 얼	xīngqī sān 싱치 싼	xīngqī sì 싱치 쓰	xīngqī wǔ 싱치 우	xīngqī liù 싱치 리우	xīngqī tiān (xīngqī rì) 싱치 티엔 (싱치 르)

周一	周二	周三	周四	周伍	周六	周日
zhōu yī 쪼 이	zhōu èr 쪼 얼	zhōu sān 쪼 싼	zhōu sì 쪼 쓰	zhōu wǔ 쪼 우	zhōu liù 쪼 리우	zhōu rì 쪼르

几月几号来? 몇 월 며칠에 옵니까?

A: 几月几号来?

　　Jǐ yuè jǐ hào lái?

　　지 위에 지 하오 라이?

B: 二月 十二号来。

　　Èr yuè shíèr hào lái.

　　얼 위에 쓰얼 하오 라이.

A: 몇 월 며칠에 옵니까?

B: 2월 12일에 옵니다.

几 jǐ 　지　몇 ('몇'이라는 의미로 주로 적은 숫자 일 때 쓴다.)

月 yuè 　위에　월

号 hào 　하오　일 (号대신에 日를 쓰기도 한다.)

1월	2월	3월	4월	5월	6월
一月	二月	三月	四月	伍月	六月
yī yuè	èr yuè	sān yuè	sì yuè	wǔ yuè	liù yuè
이 위에	얼 위에	싼 위에	쓰 위에	우 위에	리우 위에
7월	8월	9월	10월	11월	12월
七月	八月	九月	十月	十一月	十二月
qī yuè	bā yuè	jiǔ yuè	shí yuè	shíyī yuè	shíèr yuè
치 위에	빠 위에	지우 위에	쓰 위에	쓰이 위에	쓰얼 위에

呆多长时间? 얼마나 머무르실 겁니까?

A: 你要在韩国呆多长时间?

Nǐ yào zài hánguó dāi duō cháng shíjiān?

니 야오 짜이 한구어 따이 뚜어창쓰지엔?

B: 一个星期左右。

Yí ge xīngqī zuǒyòu.

이거 싱치 쭈어요.

A: 한국에서 얼마나 머무르실 겁니까?
B: 1주일 정도요.

呆	dāi	따이	머물다.
多长时间	duō cháng shíjiān	뚜어창쓰지엔	얼마나 오래
星期	xīngqī	싱치 주	요일
左右	zuǒyòu	쭈어요	정도

관련 표현

分钟	fēnzhōng	펀쭝	분, 분동안(기간을 나타냄)
两分	liǎng fēnzhōng	량 펀쭝	2분
个小时	ge xiǎoshí	샤오쓰	시간(기간을 나타냄)
两时	liǎng ge xiǎoshí	량 거 샤오쓰	2시간
天	tiān	티엔	일, 날(기간을 나타냄)
两天	liǎng tiān	량티엔	2일
(个)星期	(ge) xīngqī	(거)싱치	주, 주일(기간을 나타냄)
两(个)星期	liǎng (ge) xīngqī	량(거) 싱치	2주
个月	ge yuè	(거) 위에	개월, 달(기간을 나타냄)
两个月	liǎng ge yuè	량 거 위에	2개월

上市 출시됩니다

A: 你们的产品上市了吗?

Nǐmen de chǎnpǐn shàngshì le ma?

니먼 더 찬핀 샹쓸러마?

B: 还没, 月末上市。

Hái méi, yuèmò shàngshì.

하이 메이, 위에모어 샹쓰.

A: 상품이 출시되었습니까?

B: 아직이요, 월말에 나옵니다.

产品 chǎnpǐn 찬핀 상품

上市 shàngshì 샹쓰 시장에 나오다, 출시되다.

还　　 hái 　　　 하이 아직

月末 yuèmò (=月底 yuèdǐ) 위에모어(위에디) 월말

관련 표현

月初	yuèchū	위에츄	월초
月中	yuèzhōng	위에쫑	월중순
年初	niánchū	니엔츄	연초
年中	niánzhōng	니엔쫑	연중순
年末(=年底)	niánmò(niándǐ)	니엔모어(니엔디)	연말

卖完了 다 팔렸습니다.

A: 我要10个。

Wǒ yào 10ge.

워 야오 쓰 거.

B: 不好意思，这卖完了，现在没有货。

Bù hǎo yìsi, zhè mài wán le, xiànzài méiyǒu huò.

뿌 하오 이쓰, 쩌 마이 완러, 시엔짜이 메이요 후어.

A: 什么时候有货?

Shénme shíhou yǒu huò?

션머쓰호 요 후어?

B: 下个星期再来吧。

Xiàge xīngqī zài lái ba.

시아거 싱치 짜이라이 바.

A: 10개 주세요.

B: 죄송하지만, 이것은 다 팔렸습니다.
   지금 물건이 없습니다.

A: 언제 나옵니까?

B: 다음주에 다시 오세요.

这个很受欢迎。

zhè ge hěn shòu huānyíng.

쩌거 헌 쑈환잉.

이것이 인기가 많습니다.

卖得很好。

màide hěn hǎo.

마이더 헌 하오.

잘 팔립니다.

缺货

quēhuò

취에후어

물건이 부족하다.

进货

jìnhuò

찐후어

물건이 들어오다.

订货

dìnghuò

띵후어

물건을 예약하다.

A: 现在可以订货吗?

Xànzài kěyǐ dìnghuò ma?

시엔짜이 커이 띵후어 마?

B: 可以，不过你要等一个星期。

Kěyǐ, búguò nǐ yào děng yíge xīngqī.

커이, 부꾸어 니 야오 덩 이거 싱치.

A: 好的，先要付押金吗?

Hǎode, xiān yào fù yājīn ma?

하오더, 시엔 야오 푸 야진 마?

B: 要付物价的百分之二十。

Yào fù wùjià de bǎi fēn zhī èrshí.

야오 푸 우지아 더 바이 펀 쯔 얼쓰.

订货 dìnghuò 띵후어 주문하다

押金 yājīn 야진 보증금

物价 wùjià 우지아 물건 값

관련 표현

퍼센트(%)를 읽을때는 '100분의 몇' 이라고 있는다.

100% = 百分之一百 bǎi fēn zhī yìbǎi 바이펀쯔 이바이

50% = 百分之伍十 bǎi fēn zhī wǔshí 바이펀쯔 우쓰

10% = 百分之十 bǎi fēn zhī shí 바이펀쯔 쓰

寄到中国 중국으로 보냅니다.

A: 这个可以寄到中国吗?

　　Zhè ge kěyǐ jì dào zhōngguó ma?

　　쩌거 커이 지 따오 쭝구어 마?

B: 可以。空运，海运都可以。

　　Kěyǐ, kōngyùn, hǎiyùn dōu kěyǐ.

　　커이, 콩윈, 하윈 또 커이.

A: 중국으로 보낼 수 있나요?

B: 가능합니다. 항공편, 배편 모두 가능합니다.

寄	jì	지	보내다
到	dào	따오	~까지, ~에
空运	kōngyùn	콩윈	항공편
海运	hǎiyùn	하이윈	배편
都	dōu	또우	모두

중국어에는 존경어가 없다구요?

중국어엔 경어가 없다고 생각했던, 신평화상가의 엄사장님
은 중국어로 보다, 라는 단어가 '칸(看)' 이라는 것을 알고는
고객들에게 '보세요' 라는 의미로 '칸' 이라고 말했습니다.
지나가는 중국인들에게 상품을 천천히 보시라는 의미로
'칸' '칸' 이라고 말했는데, 중국인들의 반응은 썩 즐거워하
지 않는 눈치였습니다. '칸'이 본다는 의미가 아닌가, 라고
잠깐 생각해 보았지만 맞는 것 같았습니다. 어디가 잘못되
었을까요?

엄사장님이 한 '칸'이라는 말은 한국어로는 '봐라'라는 반
말 명령형에 해당하는 말입니다. '보세요'라고 말할 생각이
었지만, '봐라'라고 말한 셈이 되는 것이지요.

우리는 흔히 중국어에는 경어가 없다고 생각하지만, 중국어
에도 엄연히 경어가 있어서 손윗사람에게 해야 되는 표현과
손아랫사람에게 하는 표현은 구분해서 사용해야 합니다. 이
럴 때는 '칭(請)' 이라는 단어, 즉 영어로는 Please에 해당하는
단어를 문장 앞에 넣어서 '칭 칸'이라고 말해주면 '보세요'
라는 의미가 됩니다.

따라서, 고객에게 말을 건넬 때에는 '칸(봐라)'이 아니라, '칭

칸(보세요)'이라고 말해야 합니다.

이를 응용하면 쭈어(앉아라)가 아니라, 칭 쭈어(앉으세요)라
고 말해야 하겠지요.

세계 어느 나라 언어라도 경어는 다 있는 모양입니다. ^^

分批付款 분할납부

A: 今天付一半，剩下的一个星期之内付完，好吗?

Jīntiān fù yíbàn, shèngxiàde yíge xīngqīzhīnèi fùwán, hǎoma?

찐티엔 푸 이빤, 성시아더 이거싱치쯔네이 푸완, 하오마?

B: 好的，没问题。

Hǎode, méi wèntí.

하오더, 메이원티.

A: 오늘 반 지불하고, 남은 것은 1주일 내로 지불해도 됩니까?

B: 네, 괜찮습니다.

一半	yíbàn	이빤	반
剩下的	shèngxiàde	성시아더	남은 것
之内	zhīnèi	쯔네이	~내에

慢走! 안녕히 가세요!

A: 慢走, 欢迎下次再来。

Màn zǒu, huānyíng xiàcì zài lái.

만 쪼우, 환잉 시아츠 짜이라이.

B: 谢谢, 老板, 生意兴隆。

Xiè xie, lǎobǎn, shēngyi xīnglóng.

시에 시에, 라오반, 셩이 싱롱.

A: 안녕히 가세요.

B: 감사합니다 사장님. 사업(장사) 번창하세요.

A: 我再去别的地方看看。

Wǒ zài qù biéde dìfang kànkan.

워 짜이 취 비에더 띠팡 칸칸.

B: 请慢慢儿选购。

Qǐng mànmānr xuǎngòu.

칭 만말 쉬엔꼬우.

A: 다른 곳 좀 볼게요.

B: 천천히 둘러보세요.

慢	màn	만	천천히
老板	lǎobǎn	라오반	사장
生意	shēngyi	성이	장사 사업
兴隆	xīnglóng	싱롱	번창하다

生意兴隆은 우리말의 '돈 많이 버세요'처럼 쓰인다.

| 地方 | dìfang | 띠팡 | 장소, 곳 |
| 选购 | xuǎngòu | 쉬엔꼬우 | 골라서 사다 |

관련 표현

职员	zhíyuán	쯔위엔	직원
顾客	gùkè	꾸커	고객, 손님
恭喜发财	gōngxǐ fācái	꽁시파차이	돈 많이 버세요

실전 세일즈 중국어 단어모음

	뜻	한자(간체)	발음기호	소리
1	0	零	líng	링
2	1	一	yī	이
3	2	二(两)	èr(liǎng)	얼
4	3	三	sān	싼
5	4	四	sì	쓰
6	5	五	wǔ	우
7	6	六	liù	리우
8	7	七	qī	치
9	8	八	bā	빠
10	9	九	jiǔ	지우
11	10	十	shí	쓰
12	100	百	bǎi	바이
13	1,000	千	qiān	치엔
14	10,000	万	wàn	완
15	100,000,000	亿	yì	이
16	2개월	两个月	liǎng ge yuè	량 거 위에
17	(가방 등을) 들어보다	试提	shì tí	쓰 티
18	(가방 등을) 메보다	试背	shì bēi	쓰 뻬이
19	(솜을 넣은) 방한화	棉鞋	miánxié	미엔시에
20	(음식을) 들다.	用	yòng	용
21	(키가) 작다	矮	ǎi	아이
22	(키가) 크다	高	gāo	까오
23	~하세요	请	qǐng	칭
24	~까지, ~에	到	dào	따오
25	~내에	之内	zhīnèi	쯔네이
26	~라고 여기다	觉得	juéde	쮜에더
27	~라고여기다,~라고생각하다	觉得	juéde	쮜에더
28	~에게, ~에게 주다	给	gěi	게이
29	~에서 부터	从	cóng	총
30	~와, ~과	跟	gēn	껀
31	~을 할 수 없다	不可以	bùkěyǐ	뿌커이

32	~을 할 수 있다	可以	kěyǐ	커이
33	~의, ~한, ~하는 것	的	de	더
34	~이 아니다	不是	búshì	부쓰
35	~이 없다	没有	méiyǒu	메이요
36	~이 있다	有	yǒu	요
37	~이(가) 있습니까?	有 ~吗?=有没有	yǒu ~ma?=yǒu méi yǒu	요 ~ 마, 요메이요
38	~이다	是	shì	쓰
39	~한 편이다	偏	piān	피엔
40	~할 수 있다	能	néng	넝
41	~할 수 있다	可以	kěyǐ	커이
42	1층	一楼	yī lóu	일로우
43	2분	两分钟	liǎng fēnzhōng	량 펀쯍
44	2시간	两个小时	liǎng ge xiǎoshí	량 거 샤오쓰
45	2일	两天	liǎng tiān	량티엔
46	2주	两(个)星期	liǎng(ge) xīngqī	량(거) 싱치
47	A하지도 않고 B하지도 않다	不A不B	bùAbùB	뿌A뿌B
48	cm	厘米	límǐ	리미
49	가격	价格/金额	jiàgé/jīn'é	찌아거, 진어
50	가방	包	bāo	빠오
51	가볍다	轻	qīng	칭
52	가족	家人	jiārén	찌아런
53	가죽	皮	pí	피
54	각각	分开	fēnkāi	펀카이
55	갈색	棕色	zōngsè	쯩써
56	갈색	褐色	hèsè	허써
57	개월, 달(기간을 나타냄)	个月	ge yuè	(거) 위에
58	거슬러 주다	找	zhǎo	짜오
59	검정색	黑色	hēisè	헤이써
60	계산	计算	jìsuàn	지쑤안
61	계산하다	结帐	jiézhàng	지에짱
62	고객	顾客	gùkè	꾸커
63	고급의	高档	gāodàng	까오땅
64	골라서 사다	选购	xuǎngòu	쉬엔꼬우
65	괜찮습니다	没关系	méi guānxi	메이 시
66	괜찮습니다	没什么	méi shénme	메이 션머
67	괜찮습니다	没事儿	méi shìr	메이 셜
68	교환과 환불	退换	tuìhuàn	투이환
69	구두	皮鞋	píxié	피시에
70	권	本	běn	번
71	귀걸이	耳环	ěrhuán	얼환
72	귀엽다	可爱	kě'ài	커아이
73	귤색	桔黄色	júhuángsè	쥐황써
74	그	他	tā	타
75	그녀	她	tā	타

76	그다지 비싸지는 않다	不太贵	bútài guì	부타이 꾸이
77	그다지 좋지 않아요	不太好	bú tài hǎo	부 타이 하오
78	그러나	不过	búguò	부꾸어
79	그저께	前天	qiántiān	치엔티엔
80	근(무게를 세는 양사)	斤	jīn	찐
81	기간	期间	qījiān	치지엔
82	기다리다	等	děng	덩
83	긴 것을 세는 양사	条	tiáo	티아오
84	나라	国	guó	구어
85	나일론	尼绒	níróng	니롱
86	남대문시장	南大门市场	nándàmén shìchǎng	난따먼 쓰창
87	남동생	弟弟	dìdi	띠디
88	남성복	男装	nánzhuāng	난쭈앙
89	남은 것	剩下的	shèngxiàde	셩시아더
90	남자가방	男包	nánbāo	난빠오
91	남자친구	男朋友	nánpéngyou	난펑요
92	납작한 것을 세는 양사	张	zhāng	짱
93	낮다, (키가)작다	矮	ǎi	아이
94	내년	明年	míngnián	밍니엔
95	내의	内衣	nèiyī	네이이
96	내일	明天	míngtiān	밍티엔
97	내후년	后年	hòunián	호우니엔
98	너, 당신	你	nǐ	니
99	너무, 매우	非常	fēicháng	페이창
100	너무,매우, 특정한뜻이없는 문법적기능	很	hěn	헌
101	너무 해지는 않다	不太	bútài	부타이
102	너희들	你们	nǐmen	니먼
103	넥타이	领带	lǐngdài	링따이
104	노란색	黄色	huángsè	황써
105	녹색	绿色	lǜsè	뤼써
106	높다, (키가)크다	高	gāo	까오
107	누구. 누가	谁	shéi	셰이
108	누나, 언니	姐姐	jiějie	지에지에
109	의 존칭	您	nín	닌
110	다르다	别	bié	비에
111	다시 한번 말씀해 주세요	请再说一遍	qǐng zài shuō yí biàn	칭 짜이 슈어 이비엔
112	다시, 또	再	zài	짜이
113	다음달	下个月	xiàge yuè	시아거 위에
114	다음주	下个星期	xiàge xīngqī	시아거 싱치
115	당연하다	当然	dāngrán	땅란
116	대만인	台湾人	táiwānrén	타이완런
117	대추색	枣红色	zǎohóngsè	짜오홍써
118	더, 다시	再	zài	짜이
119	더, 더욱	更	gèng	껑
120	도매	批发	pīfā	피파

121	도매상	批发商	pīfāshāng	피파샹
122	돈	钱	qián	치엔
123	돈 많이 버세요	恭喜发财	gōngxǐ fācái	꽁시파차이
124	동대문시장	东大门市场	dōngdàmén shìchǎng	똥따먼 쓰창
125	두껍다	厚	hòu	호우
126	들어오다, 들어가다	进	jìn	찐
127	딱딱하다	硬	yìng	잉
128	또	还	hái	하이
129	뚱뚱하다	胖	pàng	팡
130	마르다, 날씬하다	瘦	shòu	쇼우
131	마음대로, 편한대로	随便	suíbiàn	쑤이비엔
132	만나다 보다	见	jiàn	찌엔
133	말쑥하다	干练	gànliàn	깐리엔
134	말하다	说	shuō	슈어
135	매우 싸다	非常便宜	fēicháng piányi	페이창 피엔이
136	머리핀	发夹	fàjiā	파쟈
137	머물다	呆	dāi	따이
138	멋지다	帅	shuài	슈아이
139	면	棉	mián	미엔
140	명, 개(사람이나 사물을 세는 양사)	个	ge	거
141	명동	明洞	míngdòng	밍똥
142	명함	名片	piàn	밍피엔
143	몇	几	jǐ	지
144	몇	几	jǐ	지
145	모두	都	dōu	또우
146	모두	一共	yígòng	이꽁
147	모레	后天	hòutiān	호우티엔
148	모자	帽子	màozi	마오즈
149	목걸이	项链	xiàngliàn	샹리엔
150	목도리	围脖	wéibó	웨이보어
151	목이 긴 부츠	长靴	chángxuē	챵쉬에
152	목이 짧은 부츠	短靴	duǎnxuē	뚜안쉬에
153	못 알아 듣겠습니다	听不懂	tīng bu dǒng	팅부동
154	무겁다	重	zhòng	쭝
155	무엇, 무슨	什么	shénme	션머
156	문장 맨 끝에 쓰여 청유, 추측 등의 어기를 나타냄	吧	ba	바
157	문제	问题	wèntí	원티
158	물건 값	物价	wùjià	우지아
159	물건을 예약하다, 주문하다	订货	dìnghuò	띵후어
160	물건이 들어오다	进货	jìnhuò	찐후어
161	물건이 부족하다	缺货	quēhuò	취에후어
162	미국산	美国货	měiguóhuò	메이궈훠
163	미국인	美国人	měiguórén	메이궈런
164	바겐세일	大减价	dàjiǎnjià	따지엔지아
165	바지	裤子	kùzi	쿠즈

166	반	一半	yíbàn	이빤
167	반지	戒指	jièzhi	지에쯔
168	반팔티셔츠	短袖	duǎnxiù	뚜안시우
169	받다	收	shōu	쇼우
170	배편	海运	hǎiyùn	하이윈
171	백팩	背包	bèibāo	뻬이빠오
172	백팩	双肩包	shuāngjiānbāo	슈앙지엔빠오
173	번창하다	兴隆	xīnglóng	싱롱
174	벌 (옷을 세는 양사)	件	jiàn	찌엔
175	벌 (옷을 세는 양사)	件	jiàn	찌엔
176	벨트	腰带	yāodài	야오따이
177	보내다	送	sòng	쏭
178	보내다	寄	jì	지
179	보다	看	kàn	칸
180	보라색	紫色	zǐsè	즈써
181	보증금	押金	yājīn	야진
182	봉투	袋子	dàizi	따이즈
183	부드럽다	柔	róu	러우
184	부드럽다	软	ruǎn	루안
185	부르다, 불리다	叫	jiào	찌아오
186	부츠	靴子	xuēzi	쉬에즈
187	분, 분 동안	分钟	fēnzhōng	펀쭝
188	분홍색	粉红色	fěnhóngsè	펀훙써
189	브래지어	胸罩(=乳罩)	xiōngzhào (=rǔzhào)	시옹짜오(루안짜오)
190	브로치	胸针	xiōngzhēn	시옹쩐
191	비밀번호	密码	mìmǎ	미마
192	비슷하다	差不多	chà bu duō	차부뚜어
193	비싸다	贵	guì	꾸이
194	빨간색	(大)红色	(dà)hóngsè	(따)훙써
195	사다	买	mǎi	마이
196	사이즈	尺寸	chǐcùn	츨춘
197	사장	老板	lǎobǎn	라오반
198	사장	老板	lǎobǎn	라오반
199	상의	上衣	shàngyī	샹이
200	상점	商店	shāngdiàn	샹띠엔
201	상품	产品	chǎnpǐn	찬핀
202	색깔	颜色	yánsè	옌써
203	샌들	凉鞋	liángxié	량시에
204	서류가방	公文包	gōngwénbāo	꽁원빠오
205	서명	签名	qiānmíng	치엔밍
206	선물하다	送礼	sònglǐ	쏭리
207	성숙하다	成熟	chéngshú	슈
208	성인 남자를 칭하는 호칭	先生	xiānsheng	시엔성
209	성인 여자를 칭하는 호칭	太太	tàitai	타이타이

210	세련되다	时尚	shíshàng	쓰샹
211	세트	套	tào	타오
212	섹시하다	性感	xìnggǎn	씽간
213	소가죽	牛皮	niúpí	니우피
214	소매	零售	língshòu	링쇼
215	소매상	零售商	língshòushāng	링쇼샹
216	숄더백	单肩包	dānjiānbāo	딴지엔빠오
217	수표	支票	zhīpiào	쯔피아오
218	숙녀답다	淑女	shūnǚ	슈뉘
219	스웨터	毛衣	máoyī	마오이
220	스카프	围巾	wéijīn	웨이진
221	스타일	款式	kuǎnshì	콴쓰
222	스타킹	丝袜	sīwà	쓰와
223	슬리퍼	拖鞋	tuōxié	투어시에
224	시	点	diǎn	디엔
225	시간(기간을 나타냄)	个小时	ge xiǎoshí	거 샤오쓰
226	시간, 장소, 방식 등을 강조	是…的	shì…de	쓰…더
227	시장에 나오다, 출시되다	上市	shàngshì	샹쓰
228	시험 삼아 해보다	试	shì	쓰
229	신발	鞋	xié	시에
230	신용카드	信用卡	xìnyòngkǎ	신용카
231	실크	丝绸	sīchóu	쓰쵸
232	싸다	便宜	piányi	피엔이
233	아가씨	小姐	xiǎojiě	샤오지에
234	아니면, 혹은	还是	háishì	하이쓰
235	아동복	童装	tóngzhuāng	퉁쭈앙
236	아버지	爸爸	bàba	빠바
237	아이보리	米色	mǐsè	미써
238	아직	还	hái	하이
239	악세사리	饰品	shìpǐn	쓰핀
240	앉다	坐	zuò	쭈어
241	얇다	薄	báo	바오
242	양가죽	羊皮	yángpí	양피
243	양말	袜子	wàzi	와즈
244	양모	羊毛	yángmáo	양마오
245	어느	哪	nǎ	나
246	어디에있습니까	在哪儿	zài nǎr	짜이 날
247	어떤	什么样	shénmeyàng	션머양
248	어떻습니까?	怎么样	zěnmeyàng	쩐머양
249	어머니	妈妈	māma	마마
250	어울리다	适合	shìhé	쓰허
251	어제	昨天	zuótiān	쭈어티엔
252	얼마	多少	duōshǎo	뚜어샤오
253	얼마나	多	duō	뚜어
254	얼마나 오래	多长时间	duōchángshíjiān	뚜어창쓰지엔

255	여기	这儿	zhèr	쩔
256	여동생	妹妹	mèimei	메이메이
257	여러분	大家	dàjiā	따지아
258	여성복	女装	nǚzhuāng	뉘쮸앙
259	여자가방	女包	nǚbāo	뉘빠오
260	여자친구	女朋友	nǚpéngyou	뉘펑요
261	여행가방	旅行箱	lǚxíngxiāng	뤼싱샹
262	연말	年末(=年底)	niánmò(niándǐ)	니엔모어(니엔디)
263	연중순	年中	niánzhōng	니엔쯍
264	연초	年初	niánchū	니엔츄
265	영수증	小票	xiǎopiào	시아오피아오
266	영수증	发票	fāpiào	파피아오
267	예쁘다	漂亮	piàoliang	피아오량
268	예쁘다	漂亮	piàoliang	피아오량
269	오늘	今天	jīntiān	찐티엔
270	오다	来	lái	라이
271	올해	今年	jīnnián	찐니엔
272	옷	衣服	yīfu	이푸
273	와이셔츠	衬衫	chènshān	쳔샨
274	외투	外套	wàitào	와이타오
275	외할머니	外婆	wàipó	와이포어
276	외할아버지	外公	wàigōng	와이꽁
277	요일	星期	xīngqī	싱치
278	요즘	最近	zuìjìn	쭈이찐
279	우리	我们	wǒmen	워먼
280	운동화	运动鞋	yùndòngxié	윈똥시에
281	(원, 중국화폐의 가장 큰 단위)	块	kuài	콰이
282	원피스	连衣裙	liányīqún	리엔이췬
283	원하다, ~을 하려고 하다	要	yào	야오
284	월	月	yuè	위에
285	월말	月末	yuèmò	위에모어
286	월중순	月中	yuèzhōng	위에쯍
287	월초	月初	yuèchū	위에츄
288	웨지힐	坡跟鞋	pōgēnxié	포어껀시에
289	유행하다	流行	liúxíng	리우싱
290	은색	银色	yínsè	인써
291	이, 이것, 이사람	这	zhè	쩌
292	이름	名字	míngzi	밍즈
293	이메일	邮箱	yóuxiāng	요샹
294	이미	已经	yǐjīng	이징
295	이번달	这个月	zhège yuè	쩌거 위에
296	이번주	这个星期	zhège xīngqī	쩌거 싱치
297	인민폐	人民币	rénmínbì	런민삐
298	인조가죽	人造皮(革)	rénzàopí(gé)	런짜오피(거)

299	일	号	hào	하오
300	일, 날(기간을 나타냄)	天	tiān	티엔
301	일본산	日本货	rìběnhuò	르번훠
302	일본인	日本人	rìběnrén	르번런
303	입다	穿	chuān	추안
304	자신, 스스로	自己	zìjǐ	쯔지
305	작년	去年	qùnián	취니엔
306	작다	小	xiǎo	샤오
307	잠옷	睡衣	shuìyī	슈이이
308	장갑	手套	shǒutào	쇼타오
309	장미색, 자주색	玫红色	méihóngsè	메이훙써
310	장사 사업	生意	shēngyi	셩이
311	장소, 곳	地方	dìfang	띠팡
312	장화	雨靴	yúxuē	위쉬에
313	재작년	前年	qiánnián	치엔니엔
314	재질	料子	liàozi	랴오즈
315	저, 저것, 저사람	那	nà	나
316	저급의	低档	dīdàng	띠땅
317	저번달	上个月	shàngge yuè	샹거 위에
318	저번주	上个星期	shàngge xīngqī	샹거 싱치
319	전화번호	电话号码	diànhuà hàomǎ	띠엔화하오마
320	젊다	年轻	niánqīng	니엔칭
321	정도	左右	zuǒyòu	쭈어요
322	정장	西装	xīzhuāng	시쭈앙
323	조금	一点儿	yìdiǎnr	이디얼
324	조금~하다	有点儿	yǒudiǎnr	요디얼
325	좋다	不错	búcuò	부추어
326	좋다. 안녕하다	好	hǎo	하오
327	주,요일	星期	xīngqī	싱치
328	주,주일(기간을 나타냄)	(个)星期	(ge) xīngqī	(거)싱치
329	중간갈색(낙타색)	驼色	tuósè	투어써
330	중국산	中国货	zhōngguóhuò	쭝궈훠
331	중국인	中国人	zhōngguórén	쭝궈런
332	중급의	中档	zhōngdàng	쭝땅
333	증정품	赠品	zèngpǐn	쩡핀
334	지갑	钱包	qiánbāo	치엔빠오
335	지하1층	地下一楼(层)	dìxià yī lóu(céng)	띠시아 일로우
336	직원	职员	zhíyuán	쯔위엔
337	짙은 카키색	深军绿色	shēnjūnlǜsè	션쥔뤼써
338	짝, 쌍으로 된것을 세는 양사	双	shuāng	슈앙
339	짝을 이루다. 조합하다	搭配	dāpèi	따페이
340	쪼리	人字拖	rénzìtuō	런쯔투어
341	책가방	书包	shūbāo	슈빠오
342	천(원단, 옷감)	布	bù	뿌
343	천만에요	不谢	bú xiè	부시에

344	천만에요	不用谢	bú yòng xiè	부용시에
345	천만에요	不客气	bú kèqi	부커치
346	천으로 만들어진 신발	布鞋	bùxié	뿌시에
347	천천히	慢	màn	만
348	청바지	牛仔裤	niúzǎikù	니우자이쿠
349	추천하다	推荐	tuī jiàn	투이찌엔
350	치마	裙子	qúnzi	췬즈
351	친구	朋友	péngyou	펑요
352	카드 지갑	卡包	kǎbāo	카빠오
353	커피색	咖啡色	kāfēisè	카페이써
354	쿨하다, 멋있다	酷	kù	쿠
355	크다	大	dà	따
356	클러치백	手拿包	shǒunábāo	쇼나빠오
357	키	个子	gèzi	꺼즈
358	투명색	透明色	tòumíngsè	토우밍써
359	트렌치코트	风衣	fēngyī	펑이
360	특혜, 할인	优惠	yōuhuì	요후이
361	티셔츠	T恤衫	T xùshān	티쉬샨
362	파란색	蓝色	lánsè	란써
363	팔찌	手链	shǒuliàn	쇼리엔
364	패딩코트	羽绒服	yǔróngfú	위롱푸
365	팬티	内裤	nèikù	네이쿠
366	편하게 '동사' 하다	随便 + 동사	suíbiàn + 동사	수이비엔 + 동사
367	포장	包装	bāozhuāng	빠오쭈앙
368	폴리에스테르	涤纶	dí lún	디룬
369	프랑스산	法国货	fǎguóhuò	퐈궈훠
370	프랑스인	法国人	fǎguórén	퐈궈런
371	프리사이즈	均码	jūnmǎ	쥔마
372	필리핀산	菲律宾货	fēilùbīnhuò	이뤼뻰훠
373	필리핀인	菲律宾人	fēilùbīnrén	이뤼뻰런
374	하늘색	天蓝色	tiānlánsè	티엔란써
375	하이힐	高跟鞋	gāogēnxié	까오껀시에
376	한국산	韩国货	hánguóhuò	한궈훠
377	한국인	韩国人	hánguórén	한궈런
378	한번	一遍	yí biàn	이비엔
379	한화. 원화	韩币	hánbì	한삐
380	할머니	奶奶	nǎinai	나이나이
381	할아버지	爷爷	yéye	예예
382	할인하다	打折	dǎzhé	따저
383	할인하다	减价	jiǎnjià	지엔지아
384	합성섬유	合成纤维	héchéngxiānwéi	허 시엔웨이
385	항공편	空运	kōngyùn	콩윈
386	핸드백	手提包	shǒutíbāo	쇼티빠오
387	핸드폰번호	手机号码	shǒujī hàomǎ	쇼지하오마
388	형, 오빠	哥哥	gēge	꺼거

389	형광	荧光色	yíngguāngsè	잉꽝써
390	홍콩인	香港人	xiānggǎngrén	샹강런
391	화장실	洗手间	xǐshǒujiān	시쇼지엔
392	화장실	卫生间	wèishēngjiān	웨이성지엔
393	화장실	厕所	cèsuǒ	처쑤어
394	환불하다	退货	tuìhuò	투이후어
395	환율	汇率	huìlǜ	후이뤼
396	황금색	金(黄)色	jīn(huáng)sè	쥔(황)써
397	회색	灰色	huīsè	후이써
398	흰색	白色	báisè	바이써

인지

초판인쇄 | 2015년 3월 30일
초판발행 | 2015년 4월 10일
지은이 | 이혜숙
펴낸곳 | 황금두뇌 출판사
펴낸이 | 이은숙
주소 | 서울시 강북구 수유동 461-12
전화 | 02-987-4572
팩스 | 02-987-4573
등록 | 99.12.3 제9-00063호

ISBN 978-89-93162-34-9 03720